Arbeits-
zeugnisse

Andrea Nasemann

Arbeitszeugnisse

Rechtslage
Zeugnissprache
Experteninterviews

FALKEN

Weitere zum Thema Bewerbung und Beruf im FALKEN Verlag erschienene Titel:
Dr. Wolfgang Reichel, Berufsstart für Hochschulabsolventen (1482)
Dr. Wolfgang Reichel, Bewerbungsstrategien (1027)
Holger Beitz/Andrea Loch, Assessment Center (1385)
Henning Hustedt/Reinhard Hilke, Einstellungstests (1263)
Anthony Lee u. a., Bewerben in Europa (1386)
Dr. Roland Metzger/Christopher Funk, Bewerben im Internet (2134)

Rhetorik (Videokassette 6066)
Körpersprache (Videokassette 6046)

Dieses Buch wurde auf chlorfrei gebleichtem und säurefreiem Papier gedruckt.

Der Text dieses Buches entspricht den Regeln der neuen deutschen Rechtschreibung.

ISBN 3 8068 1444 9

Umschlaggestaltung: Andreas Jacobsen
Titelbild: Friedemann Rink und Susa Kleeberg, Wiesbaden
Nachauflagenredaktion: Dr. Petra Begemann
Herstellung: Petra Becker

Satz: FROMM MediaDesign GmbH, Selters/Ts.
Druck: Westermann Druck Zwickau GmbH

Inhaltsverzeichnis

Vorwort

Immer häufiger müssen sich Arbeitsgerichte mit Zeugnisstreitigkeiten befassen: Bundesweit 15 395 Prozesse wurden im Jahr 1996 um Arbeitszeugnisse geführt, das sind 1306 mehr als im Jahr davor. Nicht mitgerechnet sind die Zeugnisstreitigkeiten, die in Kündigungsschutzverfahren gleich miterledigt wurden. Der Grund für die seit Jahren zu beobachtende stetige Zunahme solcher Zeugnis-Clinches liegt in der kritischeren Haltung der Arbeitnehmer, die sich nicht mehr jede Formulierung gefallen lassen.
Ist die Zeugnissprache auch mit der Zeit bekannter geworden, so ändert dies nichts an der Tatsache, dass sich immer noch viele Arbeitnehmer in der Bedeutung der Formulierungen nicht hinreichend auskennen. Dies zeigt auch die letzte Befragung von 256 Personalberatern im Frühjahr 1992. 62 Prozent gaben an, dass es oft vorkommt, dass sie Bewerber im Vorstellungsgespräch durch ihre Fragen auf negative Aussagen im Zeugnis aufmerksam machen, die ihnen bisher noch nicht aufgefallen waren. Aber auch bei den Personalverantwortlichen gibt es selbst über gängige Formulierungen der Zeugnissprache keine volle Einigkeit.
Da die Gerichte zunehmend zugunsten der Arbeitnehmer entscheiden und damit den Formulierungsspielraum der Arbeitgeber stärker einengen, wenden diese ausgefeilte Techniken an, um andere Zeugnisleser über die Qualitäten des jeweiligen Mitarbeiters ins rechte Bild zu setzen.
So passiert es nicht selten, dass sich Arbeitnehmer mit einem vermeintlich guten Zeugnis um eine neue Arbeitsstelle bewerben und sich wundern, dass sie ständig Absagen erhalten. Gerade in wirtschaftlich schwierigen Zeiten ist es deshalb besonders wichtig, sich unmittelbar nach Erhalt des Zeugnisses über seinen wahren Inhalt zu informieren, um eventuell noch eine Änderung der Formulierungen erreichen zu können.
Um Arbeitszeugnisse für Zeugnisschreiber und Zeugnisleser durchschaubar zu machen, informiert dieser Ratgeber über die aktuelle Rechtslage und sich abzeichnende Tendenzen. Die Zeugnissprache wird ausführlich anhand zahlreicher Beispiele aus der Praxis, von Musterzeugnissen und ihren Analysen vorgeführt. Experteninter-

views mit versierten Personalfachleuten, praxisnahe Checklisten und wichtige gesetzliche Bestimmungen beziehungsweise Gerichtsurteile runden das Thema ab.
Ich hoffe, dass dieses Buch Arbeitnehmer, die ihr Arbeitszeugnis richtig lesen und verstehen wollen, oder diejenigen, die ein Arbeitszeugnis, sei es ihr eigenes oder ein fremdes, ausstellen wollen, hilfreich unterstützen wird. Über Zuschriften und Anregungen würde ich mich freuen.

München, im Januar 1998 *Andrea Nasemann*

1. Das Arbeitszeugnis als Visitenkarte

Die Bedeutung des Arbeitszeugnisses

Stellen Sie als Arbeitgeber oder Personalchef einen neuen Mitarbeiter ein, der Ihnen keine aussagekräftigen Zeugnisse vorlegen kann? Bewerben Sie sich um einen neuen Arbeitsplatz mit einem guten Arbeitszeugnis nicht zuversichtlicher als mit einem schlechten, zu kurzen oder inhaltsleeren?

Gesamteindruck entscheidet

Das Arbeitszeugnis allein ist für die Auswahl eines Bewerbers zwar selten ausschlaggebend: Entscheidend ist der *Gesamteindruck* der Bewerbung. Geht es um Spitzenpositionen, spielt das Arbeitszeugnis oft gar keine Rolle: Dann zählen allein der Lebenslauf und das persönliche Gespräch. Viele Personalchefs gar misstrauen Arbeitszeugnissen von vornherein, denn gerade in Zeiten wirtschaftlicher Rezession und Betriebsstillegungen werden Arbeitszeugnisse häufig geschönt. Folge: Viele Arbeitgeber begegnen positiven Formulierungen in einem Arbeitszeugnis von vornherein mit Skepsis.

Bedeutung für den neuen Arbeitgeber

Trotz aller Vorbehalte spielt das Arbeitszeugnis bei der Bewerbung dennoch eine große Rolle. Spitzenpositionen ausgenommen gilt nach wie vor: Je anspruchsvoller die zu besetzende Position, umso wichtiger ist das Arbeitszeugnis bei der Bewerberauswahl. Von 390 Unternehmen, die im zuletzt Herbst 1992 befragt wurden, maßen 70 Prozent dem Zeugnis bei der *Vorauswahl* eine sehr große oder große Bedeutung bei. Erfahrene Personalleiter selektieren die Bewerber auch mit Hilfe der Bewerbungsunterlage Arbeitszeugnis. Dazu fackeln sie nicht lange: 59 Prozent von 256 befragten Personalberatern wenden für die Analyse eines einzelnen Zeugnisses maximal fünf Minuten auf. So kann ein krummer Austrittstermin des Arbeitnehmers, der im Zeugnis nicht erklärt wird, die Bewerbung schnell zu Fall bringen.

Wichtig bei der Vorauswahl

Vor allem also bei der Frage, welcher Bewerber zum Vorstellungsgespräch eingeladen werden soll, kommt es auf das Arbeitszeugnis an. Zwar wird nicht jeder Haken im Arbeitszeugnis zum endgültigen K.o. führen. Aber nur, wenn alle übrigen Voraussetzungen stimmen, ist ein Unternehmen bereit auch einen Arbeitnehmer mit einem mittelmäßigen oder schlechten Arbeitszeugnis zu berücksichtigen. Je qualifizierter und besser geeignet ein Bewerber aufgrund seiner übrigen Unterlagen für eine bestimmte Position erscheint beziehungsweise je weniger Konkurrenz vorhanden ist, umso eher wird der Personalleiter bereit sein den Bewerber dennoch zum Vorstellungsgespräch einzuladen. Andeutungen im Zeugnis, missverständliche oder unklare Äußerungen wird er dann mit Sicherheit in diesem persönlichen Gespräch zur Sprache bringen.

Vergleich mit dem persönlichen Eindruck

Nicht nur für die Vorauswahl, auch nach erfolgreich absolviertem Vorstellungsgespräch kann das Arbeitszeugnis für den neuen Arbeitgeber eine zusätzliche Hilfe sein, indem er den persönlich gewonnenen Eindruck noch einmal mit den Aussagen im Arbeitszeugnis vergleicht. So kann er einen umfassenden und differenzierten Eindruck von diesem Bewerber gewinnen.

Bedeutung für den Arbeitnehmer

Analyse und Beurteilung

Aus der Bedeutung, die Arbeitszeugnisse für den neuen Arbeitgeber bei der Einstellung haben, lässt sich umgekehrt auch auf die Bedeutung für den Arbeitnehmer schließen. Zum einen erhält er mit dem Arbeitszeugnis eine Analyse seiner bisherigen Tätigkeit und er erfährt, wie er von seinen Vorgesetzten beurteilt und betrieblich eingeordnet wird. Zum anderen kann die Güte des Arbeitszeugnisses über seinen beruflichen Werdegang entscheiden. Das Arbeitszeugnis ist für den Arbeitnehmer Visiten- und gleichzeitig Eintrittskarte in ein neues Unternehmen. Zwar kann ein schlechtes Zeugnis durch ein nachfolgend gutes Zeugnis von seiner Schärfe verlieren. Man wird daher sagen können, dass einem schlechten Arbeitszeugnis keine existenzvernichtende, wohl aber eine karriereerschwerende Wirkung zukommt. Arbeitnehmern, vor allem solchen, die in mittleren oder höheren Positionen arbeiten, muss deshalb dringend geraten werden, sich entweder selbst fachkundig zu machen oder zumindest fachkundigen Rat einzuholen, wenn es um die Ausstellung eines Arbeitszeugnisses geht oder wenn sie gerade ein Arbeitszeugnis erhalten haben. Da Betriebsräte häufig auch keine detaillierten Kenntnisse der Zeugnissprache haben, empfiehlt sich der Rat eines versierten Fachanwalts für Arbeitsrecht oder Personalberaters. Da Berichtigungsansprüche nur innerhalb bestimmter, kurz

Knappe Fristen für Berichtigungsansprüche

bemessener Fristen (vgl. S. 19 bis 21) geltend gemacht werden können, sollte damit nicht lange gezögert werden. Andernfalls kann es dem Arbeitnehmer passieren, dass er auf Bewerbungen ständig Absagen kassiert, die er sich nicht erklären kann. Ein Grund kann in einem schlechten Arbeitszeugnis liegen, das so formuliert wurde, dass der Arbeitnehmer die negative Einschätzung seiner Führung und Leistung nicht auf den ersten Blick erkennt.

TIPP: Als Arbeitnehmer sollte man unbedingt darauf achten, dass das Arbeitszeugnis vollständig ist, das heißt neben einer genauen Tätigkeitsbeschreibung auch eine detaillierte Beurteilung seiner Führung und seiner Leistungen im Einzelnen enthält. Ein besonderes Augenmerk sollte man auch auf die *Schlussformulierung* legen. Sie gibt künftigen Zeugnislesern wichtige Hinweise zu Ihrer Beurteilung. Führungskräfte sollten darauf achten, dass ihre Führungsleistungen und besonderen Erfolge aufgeführt worden sind.

Bedeutung für den Zeugnisaussteller

Der Zeugnisaussteller wiederum befindet sich in einer Zwickmühle: Die Rechtsprechung zwingt ihn dazu das Zeugnis zwar *wahr*, aber dennoch *wohlwollend* abzufassen, wobei dem Grundsatz der Wahrheit der Vorrang eingeräumt wird. Das ist verständlich, macht doch der neue Arbeitgeber seine Entscheidung womöglich von einem guten oder schlechten Zeugnis abhängig. Erweist sich der neue Mann später als ungeeignet, kann dies den neuen Arbeitgeber viel Zeit und Geld kosten. Seinen Schaden kann er in einem solchen Fall vom Zeugnisaussteller in einem *Schadensersatzprozess* ersetzt verlangen (vgl. S. 99 bis 101). Um nicht derart in Regress genommen zu werden, wird sich der Aussteller daher hüten den Mitarbeiter über den Klee zu loben, wenn dieser das nicht verdient hat. Daher muss er das Zeugnis so sorgfältig wie irgend möglich abfassen. Dabei wird er den jeweiligen Vorgesetzten des betreffenden Mitarbeiters konsultieren und auf die Personalakte beziehungsweise bereits bestehende betriebliche Beurteilungen zurückgreifen. Manche Unternehmen lassen die Mitarbeiter auch selber zur Feder greifen (vgl. S. 91 bis 95).

»Wahr und wohlwollend«

Haftung

Andererseits wird der Aussteller aus Angst vor einem *Zeugnisberichtigungsprozess*, der ebenfalls viel Zeit und Geld kostet und darüber hinaus den guten Ruf bei den eigenen Mitarbeitern und

nach außen beschädigen kann, eher geneigt sein den Mitarbeiter milder und wohlwollender zu beurteilen, als es den Tatsachen entspricht. Untersuchungen haben ergeben, dass viele Unternehmen immer häufiger bereit sind das Zeugnis grundsätzlich eine Note besser auszustellen. Vor dem »Wegloben« eines missliebigen Arbeitnehmers sollte aber jeder Zeugnisaussteller gewarnt werden, es kann ihn teuer zu stehen kommen.
Jede Zeugniserteilung ist für den Aussteller eine Gratwanderung, die viel Übung und Wissen, Feingefühl und Gespür für die richtige Formulierung erfordert. Und schließlich kann der Zeugnisaussteller mit sorgfältig abgefassten und inhaltlich aufschlussreichen Arbeitszeugnissen auch für die eigene Firma werben: Sie sind für ihn letztlich ebenso Aushängeschild und Visitenkarte wie für den Arbeitnehmer.

Imagefaktor

Wer kann ein Arbeitszeugnis verlangen?

Arbeitnehmer

Grundsätzlich haben alle Arbeitnehmer, soweit sie unselbstständig beschäftigt und damit wirtschaftlich von ihrem Arbeitgeber abhängig sind, einen Anspruch auf die Erteilung eines Arbeitszeugnisses. Allerdings ist der Arbeitgeber nicht verpflichtet von sich aus tätig zu werden. Vielmehr muss der Arbeitnehmer auf den Arbeitgeber zugehen und die Ausstellung eines Arbeitszeugnisses verlangen. In vielen Betrieben ist es aber heute üblich, dass den Arbeitnehmern unverlangt – meist qualifizierte – Zeugnisse ausgehändigt werden. Der Arbeitnehmer muss zwar grundsätzlich das Zeugnis beim Arbeitgeber abholen, es hat sich aber eingebürgert, dass es meistens vom Arbeitgeber zugeschickt wird. Der Arbeitgeber besitzt kein *Zurückbehaltungsrecht* am Arbeitszeugnis, das heißt er darf sich nicht weigern das Arbeitszeugnis herauszugeben mit der Begründung, dass der Arbeitnehmer ihm noch Geld schulde oder seine Arbeitskleidung noch nicht zurückgegeben habe. Ausnahme: Hat der Arbeitgeber kurze Zeit vor der Beendigung des Arbeitsverhältnisses dem Arbeitnehmer ein Zwischenzeugnis erteilt, kann er das Endzeugnis so lange behalten, bis er das Zwischenzeugnis zurückerhalten hat.

Keine Bringschuld

Der Anspruch auf die Erteilung des Arbeitszeugnisses ist in verschiedenen Gesetzesvorschriften und in vielen Tarifverträgen ver-

Gesetzlicher Anspruch

ankert. Grundlage ist § 630 Bürgerliches Gesetzbuch (BGB) (vgl. »Wichtige Gesetze« im Anhang). Der Arbeitgeber ist demnach verpflichtet dem Arbeitnehmer bei der Beendigung des Arbeitsverhältnisses ein Zeugnis auszustellen. Voraussetzung: Das Arbeitsverhältnis muss eine bestimmte Zeit lang bestanden haben, damit es dem Arbeitgeber überhaupt möglich ist die fachlichen und persönlichen Qualitäten des Mitarbeiters zu beurteilen. Allerdings kann im Einzelfall auch eine kurze Beschäftigungszeit, sogar von nur zwei Tagen, ausreichen (Landesarbeitsgericht Düsseldorf, Urteil vom 14. Mai 1963, 8 Sa 177/63). Für *gewerbliche Arbeiter* und *technische Angestellte* ist der Zeugnisanspruch in § 113 Gewerbeordnung (GO) festgelegt. *Kaufmännische Angestellte* können sich für ihren Zeugnisanspruch auf § 73 Handelsgesetzbuch (HGB) berufen (vgl. »Wichtige Gesetze« im Anhang).

Voraussetzung

Gewerbeordnung und Handelsgesetzbuch

Auszubildende und Praktikanten

Für kaufmännische, gewerbliche und handwerkliche Auszubildende ist im § 8 Berufsbildungsgesetz (BBiG) eine Regelung getroffen worden (vgl. »Wichtige Gesetze« im Anhang). Im Unterschied zu § 630 BGB, wonach der Arbeitnehmer das Arbeitszeugnis von der Firma einfordern muss, ist bei Ausbildungsverhältnissen der Arbeitgeber verpflichtet von sich aus dem Auszubildenden am Ende der Lehrzeit ein Zeugnis auszustellen.

Berufsbildungsgesetz

Auch Praktikanten, Volontäre und Werkstudenten haben Anspruch auf ein Arbeitszeugnis. In diesem Zeugnis wird dem Praktikanten bescheinigt, welche Abteilungen er wie lange durchlaufen hat.

Leitende Angestellte und Organmitglieder

Obwohl leitende Angestellte teilweise arbeitgeberähnliche Funktionen ausüben, werden sie wie normale Arbeitnehmer behandelt. Sie haben deshalb ebenfalls einen Zeugnisanspruch nach § 630 BGB.

Anders bei Organmitgliedern, etwa einem GmbH-Geschäftsführer. Hier kommt es auf den Einzelfall an, ob der Betreffende eine überwiegend weisungsunabhängige Tätigkeit ausübt – und dann keinen Anspruch auf ein Arbeitszeugnis hat – oder ob er weisungsgebunden arbeitet – dann kann er ein Arbeitszeugnis verlangen. Welche Variante vorliegt, ist nach dem jeweiligen *Anstellungsvertrag* zu beurteilen. Faustregel: Besitzt der Geschäftsführer 50 Prozent oder mehr Geschäftsanteile oder vertritt er diese Mehrheit, liegt ein unabhängiges Beschäftigungsverhältnis vor.

Freie Mitarbeiter, Heimarbeiter und Handelsvertreter

Freie Mitarbeiter

Freie Mitarbeiter, die nicht ihre Arbeitskraft, sondern ein bestimmtes Arbeitsergebnis schulden, können sich ihre Zeit frei einteilen, können selbst bestimmen, wann sie wie viel arbeiten. Sie sind daher weder zeitlich, örtlich noch inhaltlich an Weisungen und Vorgaben eines Arbeitgebers gebunden. Deshalb zählen sie nicht zu den Angestellten und haben daher auch keinen gesetzlichen Anspruch auf ein Arbeitszeugnis. Ausnahme: Haben sie mit dem Unternehmen einen *Dienstvertrag* abgeschlossen, können sie ihren Arbeitgeber um ein Zeugnis bitten.

Heimarbeiter

Der Heimarbeiter ist zwar nicht in den Betrieb seines Arbeitgebers eingegliedert, ist weisungsunabhängig und zeitlich ungebunden. Da er aber wirtschaftlich von seinem Auftraggeber abhängig ist, wird ein Zeugnisanspruch auch für diese Personengruppe bejaht.

Handelsvertreter

Beim Handelsvertreter muss dagegen unterschieden werden, maßgeblich sind hier die tatsächlichen Verhältnisse. Der sogenannte *Einfirmenvertreter* sowie der wirtschaftlich abhängige, sogenannte *kleine Handelsvertreter* sind zeugnisberechtigt, nicht jedoch der sogenannte *freie Handelsvertreter*, der Kaufmann ist.

Beschäftigte während der Probezeit, Teilzeitbeschäftigte und Leiharbeitnehmer

Probezeit

Endet das Arbeitsverhältnis nach Ablauf der Probezeit, entweder weil es von vornherein befristet war (befristetes Probearbeitsverhältnis) oder weil es zwar auf unbestimmte Zeit abgeschlossen war, aber von einer Seite gekündigt wurde (unbefristetes Arbeitsverhältnis mit vorgeschalteter Probezeit), steht dem Arbeitnehmer ein Anspruch auf ein Endzeugnis zu. Wird es als einfaches Zeugnis erteilt (vgl. S. 21 bis 23), darf der Arbeitgeber nicht auf die Probezeit hinweisen. Geht das Probearbeitsverhältnis in ein normales Arbeitsverhältnis über, kann der Arbeitnehmer ein sogenanntes *Zwischenzeugnis* verlangen (vgl. S. 26 bis 28).

Teilzeitbeschäftigte

Teilzeitbeschäftigte stehen in einem normalen Arbeitsverhältnis und haben daher wie Vollzeitbeschäftigte einen Anspruch auf ein Zeugnis.

Leiharbeitnehmer

Obwohl ein Leiharbeitnehmer in den Betrieb des Entleihers eingegliedert ist, hat er einen Zeugnisanspruch nur gegenüber dem Verleiher. Der Grund: Leiharbeitnehmer bleiben auch während ihrer Tätigkeit für den Entleiherbetrieb Arbeitnehmer des Verleihers. Allerdings muss der Entleiher bei der Ausstellung des Zeugnisses mitwirken, da er aus eigener Erfahrung ein qualifiziertes Urteil über den Leiharbeitnehmer abgeben kann.

Beschäftigte im öffentlichen Dienst

Arbeiter und Angestellte im öffentlichen Dienst bekommen ein Zeugnis ohne es vorher beantragen zu müssen. Das Zeugnis des Beamten nennt man *Dienstzeugnis*. Es wird im Bundesbeamtengesetz sowie in den einzelnen Beamtengesetzen der Länder geregelt (vgl. »Wichtige Gesetze« im Anhang). Unterschiede zum Arbeitszeugnis: In manchen Beamtengesetzen der Länder ist vorgesehen, dass ein Dienstzeugnis auch bei Vorliegen eines berechtigten Interesses erteilt werden muss. Das kann ein Dienstherrnwechsel oder eine Bewerbung des Beamten um eine andere Position bei einem anderen Dienstherrn oder Arbeitgeber sein. Da es sich bei Rechtsfragen hinsichtlich des Dienstzeugnisses um öffentliches Recht handelt, sind bei Streitigkeiten um das Zeugnis die Verwaltungsgerichte und nicht die Arbeitsgerichte zuständig.

Beamte

Für Angestellte des öffentlichen Dienstes dagegen gelten die Vorschriften des Bundesangestelltentarifvertrags (BAT), jedenfalls dann, wenn Arbeitnehmer und Arbeitgeber zu den Tarifvertragsparteien gehören, die den BAT abschließen oder die Geltung des BAT im Einzelnen Arbeitsvertrag vereinbart wurde.

Angestellte und Arbeiter

Für Arbeiter gilt der Manteltarifvertrag für Arbeiter des Bundes beziehungsweise der Länder (vgl. »Wichtige Gesetze« im Anhang).

Soldaten und Zivildienstleistende

Soldaten und Zivildienstleistende erhalten ebenfalls ein Dienstzeugnis, das Art und Dauer des Dienstes sowie Führung und Leistung im Dienst beurteilt. Voraussetzung: Der Soldat muss mindestens vier Wochen, der Zivildienstleistende mindestens drei Monate tatsächlich Dienst verrichtet haben.

Wer stellt das Zeugnis aus?

Nach den verschiedenen Gesetzen ist immer der Arbeitgeber beziehungsweise der Dienstherr verpflichtet das Zeugnis auszustellen. Er kann damit aber auch seine *Personalabteilung* beauftragen. Die Personalabteilung wird sich dann Informationen über den jeweiligen Mitarbeiter von dessen unmittelbaren Vorgesetzten geben lassen. Daneben wird die Personalabteilung die Personalakte des Mitarbeiters sowie die Stellenbeschreibung zur Formulierung des

Zeugnisses heranziehen. Hier sollte aber unbedingt darauf geachtet werden, dass es sich nicht um eine längst veraltete Stellenbeschreibung handelt, sondern dass diese – entsprechend der Tätigkeit des Arbeitnehmers – ständig fortgeschrieben und aktualisiert wurde. Auch auf ein erteiltes Zwischenzeugnis kann für das Endzeugnis zurückgegriffen werden.

Immer: ranghöhere Mitarbeiter

Unabdingbar ist, dass kein Untergebener oder Gleichgestellter, sondern immer ein ranghöherer Mitarbeiter dem ausscheidenden Arbeitnehmer das Zeugnis erstellt. Allerdings besteht kein Anspruch, dass der Chef persönlich unterzeichnet. In größeren Firmen sind *Personalleiter* mit Prokura oder Handlungsvollmacht oder ein Personalabteilungsleiter zuständig, in kleineren Betrieben der *Betriebsleiter* oder ein *Meister*. Die Vertretungsbefugnis des Unterschreibenden (ppa) sollte aus dem Zeugnis hervorgehen. Führungskräfte, die der Geschäftsleitung unterstellt sind, können verlangen, dass das für sie zuständige *Mitglied der Geschäftsführung* oder der *Vorstandsvorsitzende* unterschreibt. Nicht zulässig ist es, dass ein Rechtsanwalt das Zeugnis ausstellt, wenn der Arbeitgeber vom Gericht dazu verurteilt wurde ein Zeugnis zu erteilen. Neben dem Zeugnisaussteller sollte auch der Fachvorgesetzte, der den Mitarbeiter am besten kennt und fachlich beurteilen kann, das Zeugnis unterschreiben.

Im öffentlichen Dienst unterschreibt der *Behördenleiter* die Dienstzeugnisse oder eine von ihm beauftragte Person.

Bei Konkurs

Befindet sich die Firma im Konkurs, bleibt der alte Arbeitgeber nur dann verpflichtet das Arbeitszeugnis auszustellen, wenn der Arbeitnehmer noch vor Konkurseröffnung aus dem Arbeitsverhältnis ausgeschieden ist und der Arbeitnehmer auf Erteilung eines Zeugnisses vor dem Arbeitsgericht klagt. Dann muss er den Rechtsstreit nach Konkurseröffnung gegen den alten Arbeitgeber fortsetzen. Wird der Arbeitnehmer jedoch nach Konkurseröffnung weiterbeschäftigt, richtet sich sein Zeugnisanspruch gegen den *Konkursverwalter* – unabhängig davon, wie lange das Arbeitsverhältnis nach Eröffnung des Konkursverfahrens fortgeführt wird. Der Konkursverwalter muss dann im Zeugnis, soweit es ihm möglich ist, auch die Zeit des Arbeitsverhältnisses vor der Konkurseröffnung berücksichtigen. Um den Arbeitnehmer überhaupt beurteilen zu können, muss der Konkursverwalter sich die erforderlichen Angaben aus Personalakten oder durch Befragen der Vorgesetzten des Arbeitnehmers beschaffen.

Betriebsübergang

Bei einem Betriebsübergang gilt: Bleibt das alte Arbeitsverhältnis bestehen, kann der Arbeitnehmer vom Zeitpunkt des Betriebsübergangs an seinen Zeugnisanspruch nur an den *neuen Arbeitgeber* richten. Ein Arbeitnehmer sollte bei dieser Gelegenheit von seinem alten Arbeitgeber ein Zwischenzeugnis verlangen.

Wann muss die Firma ein Zeugnis erteilen?

Tatsächliches und ...

rechtliches Ende des Arbeitsverhältnisses

Der Arbeitnehmer kann von seinem Arbeitgeber an dem Tag, an dem sein Arbeitsverhältnis tatsächlich endet, ein Arbeitszeugnis verlangen – unabhängig davon, ob es sich um eine ordentliche, also fristgerechte, oder um eine außerordentliche, also fristlose, Kündigung durch Arbeitgeber oder Arbeitnehmer handelt. Folge: Der Arbeitnehmer hat sofort ein Dokument in Händen, mit dem er sich bei einem anderen Unternehmen bewerben kann, und muss nicht bis zum rechtlichen Ende des Arbeitsverhältnisses, also dem Ablauf der Kündigungsfrist, warten. Da die Beschäftigung mit *Zugang der Kündigungserklärung* endet, kann der Arbeitnehmer von diesem Zeitpunkt an seinen Zeugnisanspruch geltend machen.
Dabei ist zu unterscheiden: Wird der Mitarbeiter während der Kündigungsfrist im Betrieb weiter beschäftigt, steht ihm noch kein endgültiges, sondern nur ein *vorläufiges Arbeitszeugnis* (kein Zwischenzeugnis!) zu. Nur wenn sich bis zum rechtlichen Ende des Arbeitsverhältnisses noch besondere Gesichtspunkte ergeben, kann der Arbeitgeber vom Wortlaut des vorläufigen Zeugnisses abweichen. Allerdings ist der Arbeitgeber nicht verpflichtet, die Formulierungen des vorläufigen Zeugnisses im Endzeugnis zu übernehmen. Übrigens muss der Arbeitnehmer das vorläufige Zeugnis nicht zurückgeben, wenn er das endgültige Zeugnis erhält. Das dürfte ohnehin in vielen Fällen aussichtslos sein, wenn der Mitarbeiter das vorläufige Zeugnis schon seinen Bewerbungen beigelegt hat. Verlangt der Arbeitnehmer erst bei Beendigung des Arbeitsverhältnisses ein qualifiziertes Zeugnis, so muss er dem Arbeitgeber mindestens einen Tag Zeit lassen, um das Arbeitszeugnis auszustellen.
Arbeitet der Arbeitnehmer, nachdem ihm gekündigt worden ist, nicht mehr weiter, ist er also von seiner Arbeit freigestellt oder beurlaubt worden oder führt er gegen seinen Arbeitgeber einen Kündigungsschutzprozess, kann er sofort ein endgültiges Arbeitszeugnis verlangen.

Befristeter Arbeitsvertrag

Anders als beim Ende eines unbefristeten Arbeitsverhältnisses entsteht der Zeugnisanspruch bei einem Arbeitnehmer mit einem *befristeten Arbeitsvertrag* schon einige Zeit vor seinem Ausscheiden (etwa 2 bis 3 Monate vorher). Das gilt auch für Arbeitnehmer mit auflösend bedingten Arbeitsverhältnissen, die beispielsweise in den Ruhestand treten.
Auch wenn der Arbeitnehmer sein Arbeitsverhältnis durch einen *Vertragsbruch* beendet hat, hat er einen Anspruch auf sofortige Zeugniserteilung. Weigert sich der Arbeitgeber, kann er sich schadensersatzpflichtig machen.
Haben Arbeitgeber und Arbeitnehmer einen *Aufhebungsvertrag* abgeschlossen, sollte der Arbeitnehmer bezüglich seines Arbeitszeugnisses auf Nummer Sicher gehen. Das von ihm akzeptierte Zeugnis sollte dem noch nicht unterschriebenen Aufhebungsvertrag als Anlage beigefügt werden.

Verlust

Hat der Arbeitnehmer sein Zeugnis verloren oder ist es beschädigt worden, kann er von seinem Arbeitgeber ein neues Zeugnis fordern. Dies gilt allerdings nicht, wenn den Arbeitnehmer an dem Verlust oder der Beschädigung eine Schuld trifft. Dokumente wie Arbeitszeugnisse müssen daher immer sorgfältig behandelt und aufbewahrt werden.

Wann erlischt der Zeugnisanspruch?

Verjährung und Verwirkung

Zwar verjährt der Anspruch auf Erteilung eines Arbeitszeugnisses eigentlich erst nach 30 Jahren. Tatsächlich aber kann der Anspruch schon viel früher verwirkt sein. Hat der Arbeitnehmer nach Ablauf einer bestimmten Zeit kein Zeugnis verlangt, kann es dem Arbeitgeber unmöglich und unzumutbar sein noch ein Arbeitszeugnis auszustellen.

Einfaches und ...

qualifiziertes Zeugnis

Ein einfaches Zeugnis kann so lange verlangt werden, wie die Unterlagen über die Art und Dauer der Beschäftigung im Betrieb aufbewahrt werden. Bei einem qualifizierten Zeugnis wird dagegen diese Frist kürzer ausfallen, weil sich der Arbeitgeber nach einer gewissen Zeit nicht mehr ausreichend präzise an den Arbeitnehmer und seine Qualifikation erinnern wird. Wann die Verwirkung eintritt, hängt immer vom jeweiligen Einzelfall ab. So hat das Bundesarbeitsgericht in einem Fall, in dem es um ein qualifiziertes Arbeitszeugnis ging, eine Zeitspanne von fünf Monaten (Urteil vom

17. Oktober 1972, 1 AZR 86/72), in einem anderen Fall von 21 Monaten (Urteil vom 17. Februar 1988, 5 AZR 638/86) angenommen. Voraussetzung, dass der Anspruch verwirkt ist, ist immer, dass der Arbeitnehmer sich längere Zeit nicht darum bemüht hat, dass ihm ein Zeugnis ausgestellt wird und darüber hinaus bei seinem Arbeitgeber den Eindruck erweckt hat, dass er keinen Wert auf ein Arbeitszeugnis legt. Mitberücksichtigt wird bei der Frage der Verwirkung auch die Dauer des Arbeitsverhältnisses sowie die Frage, ob der Arbeitnehmer einen ungünstigen Zeugnisinhalt mühelos erkennen konnte oder nicht.

Bemühen

TIPP: Wer aus einem Unternehmen ausscheidet, sollte sein Arbeitszeugnis so rasch wie möglich (Faustregel: innerhalb von vier Wochen) verlangen. Reagiert der Arbeitgeber nicht oder weigert er sich, sollte der Arbeitnehmer ihn nochmals – unter Fristsetzung mit Klageandrohung – auffordern. Lässt der Arbeitgeber auch darauf nichts von sich hören, muss der Arbeitnehmer klagen. Das gilt auch für die Berichtigung eines Zeugnisses (vgl. S. 96 bis 98). Wer zu lange wartet, riskiert, dass sein Anspruch verfällt (etwa nach fünf Monaten).

Zeugnis sofort verlangen

Es gibt auch noch einen zweiten Grund, weshalb man sein Zeugnis unmittelbar nach der Kündigung beziehungsweise Aufhebung des Arbeitsverhältnisses verlangen sollte: Oft sind die letzten Wochen bis zum Ende des Arbeitsverhältnisses konfliktträchtig. Wer sich deshalb erst dann ein Zeugnis ausstellen lässt, läuft Gefahr, dass sich solche Konflikte im Zeugnis niederschlagen. Mit einem vorläufigen Zeugnis braucht man sich aber nur dann begnügen, wenn zwischen Kündigung oder Aufhebungsvertrag und rechtlicher Beendigung noch Wochen oder Monate vergehen.

Verfallsklauseln

Die meisten Mantel- oder Rahmentarifverträge enthalten Verfalls- beziehungsweise Ausschlussfristen, innerhalb deren bestimmte Ansprüche aus dem Arbeitsverhältnis geltend gemacht werden müssen. Die Fristen können auch im Einzelarbeitsvertrag vereinbart werden. Sie beginnen für ein endgültiges Zeugnis mit dem Tag der rechtlichen Beendigung des Arbeitsverhältnisses, für ein vorläufiges Zeugnis mit dem Tag, an dem die Kündigungserklärung zugegangen ist.

> TIPP: Wer nur gegen seine Kündigung gerichtlich vorgehen will, wahrt damit nicht eine tarifliche Ausschlussfrist. Wer daher eine Kündigungsschutzklage erhebt, sollte trotzdem vorsorglich (am besten schriftlich oder unter Zeugen) sein Zeugnis verlangen. Denn sonst kann es passieren, dass das Verfahren nicht zum gewünschten Erfolg geführt hat, darüber aber auch die Frist für die Ausstellung des Zeugnisses verstrichen ist.

Verzicht

Solange das Arbeitsverhältnis besteht, kann der Arbeitnehmer auf ein Arbeitszeugnis nicht verzichten. Dies geht allenfalls, wenn das Arbeitsverhältnis endet, und nur, wenn der Arbeitnehmer dies ausdrücklich erklärt hat. Aus diesem Grund enthält auch eine sogenannte *Ausgleichsquittung* keinen Verzicht auf die Erteilung eines Arbeitszeugnisses bzw. auf eine Zeugnisberichtigung (siehe Gerichtsurteile im Anhang). Ausgleichsquittungen (»Damit sind sämtliche Ansprüche aus dem Arbeitsverhältnis erledigt«) findet man zum Beispiel in einem Aufhebungsvertrag oder nach einem beendeten Arbeitsgerichtsprozess. Das Arbeitszeugnis wird von dieser Klausel nicht erfasst, da der Verzicht – wie schon erwähnt – immer ausdrücklich erfolgen muss.

Nur ausdrücklich

Welche Arten von Zeugnissen gibt es?

Das einfache Zeugnis

Das einfache Zeugnis bestätigt nur Art und Dauer der Beschäftigung und wird für *wenig qualifizierte* oder *kurzfristige* Tätigkeiten ausgestellt. Bewertende Aussagen über Leistung und Führung fehlen. Nicht verwechselt werden darf das einfache Arbeitszeugnis mit der Arbeitsbescheinigung nach § 133 Arbeitsförderungsgesetz (AFG): Dies ist eine Bescheinigung des Arbeitgebers über die Art der Tätigkeit, Beginn, Ende und Grund für die Beendigung des Beschäftigungsverhältnisses und die Höhe des Arbeitsentgelts und etwaige sonstige Leistungen, wie zum Beispiel eine Abfindung oder Entschädigung. Diese Arbeitsbescheinigung wird auf speziellen Formularen der Bundesanstalt für Arbeit erteilt. Sie muss vom Arbeitgeber ausgestellt werden, damit das Arbeitsamt die Höhe des Arbeitslosengeldes berechnen kann. Sie darf auf keinen Fall mit einem Zeugnis gleichgesetzt werden. Die Arbeitsbescheinigung wird bei

Keine Bewertung

tatsächlicher Beendigung des Arbeitsverhältnisses ausgestellt und nicht erst mit Ablauf der Kündigungsfrist. Das einfache Zeugnis ist auch etwas anderes als die betriebliche beziehungsweise dienstliche Beurteilung. Viele Unternehmen haben systematische Beurteilungsverfahren eingeführt, die auf einer betrieblichen Vereinbarung oder auf einem Tarifvertrag beruhen. Damit können sie ihre Mitarbeiter aus der Ungewissheit über die Wertschätzung ihrer Arbeit befreien und leistungsgerechter entlohnen. Scheidet ein Mitarbeiter aus dem Betrieb oder der Behörde aus, werden solche Beurteilungen bei der Abfassung des Arbeitszeugnisses zugrunde gelegt. Angesichts des Arbeitsaufwands, den sowohl die Leistungsbeurteilung wie eine korrekte Zeugniserstellung verlangt, versuchen inzwischen einige Firmen eine unmittelbare Verbindung zwischen den beiden Bereichen herzustellen (vgl. S. 92 bis 93).

Doch zurück zum einfachen Zeugnis. Mit seiner Hilfe kann der Arbeitnehmer bei einer Bewerbung einen lückenlosen Nachweis über seine bisherige Tätigkeit und sein fachliches Können führen.

Genaue Beschreibung der Beschäftigung

Das einfache Zeugnis muss deshalb die *Art der Beschäftigung* so genau beschreiben, dass sich ein künftiger Arbeitgeber ein genaues Bild machen kann. Die bloße Berufsbezeichnung genügt deshalb auf keinen Fall. Da sich in der Praxis hinter den einzelnen Positionen völlig unterschiedliche Tätigkeiten verbergen können, müssen sie im Zeugnis ausführlich dargestellt werden. Faustregel: Je qualifizierter die Tätigkeit war, desto ausführlicher wird das Zeugnis ausfallen. So hatte das Arbeitsgericht Wilhelmshaven die Bezeichnung »Angestellte im Schulsekretariat« als nicht ausreichende Aufgabenbeschreibung angesehen (Urteil vom 26. September 1971, Ca 270/71). Auch das Landesarbeitsgericht Hamm hatte die Beschreibung »für das Aufgabengebiet Personalangelegenheiten tätig« als zu unbestimmt abgelehnt (Urteil vom 3. Januar 1969, 8 (2) Sa 592/68).

Angabe zur Dauer

Hinsichtlich der *Dauer des Arbeitsverhältnisses* ist im Zeugnis immer die rechtliche und nicht die tatsächliche Dauer des Arbeitsverhältnisses anzugeben, also der Zeitraum vom Abschluss des Arbeitsvertrags bis zum Ende der Kündigungsfrist. Kürzere Unterbrechungen durch Krankheit, Urlaub, Haft oder Streik spielen keine Rolle, während eine längere Abwesenheit, zum Beispiel durch Wehr- oder Zivildienst, eine schwere Krankheit oder eine Freiheitsstrafe dann erwähnt werden muss, wenn sie das Arbeitsverhältnis entscheidend geprägt hat. Das kann der Fall sein, wenn die Fehlzeiten etwa die Hälfte der Beschäftigungszeit ausmachen. Eine längere Arbeitsunterbrechung wegen einer zu verbüßenden Haftstrafe wird im Zeugnis ohne Angabe des Grundes erwähnt. Es bleibt dann dem neuen Arbeitgeber überlassen sich nach dem Grund der Unterbrechung im Vorstellungsgespräch zu erkundigen (vgl. S. 40 bis 44).

Arbeitsunterbrechung wegen Haft

Im einfachen Zeugnis muss der Arbeitnehmer genau mit Vornamen, Nachnamen, Beruf, akademischem Grad und öffentlich-rechtlichen Titeln (Dr., Prof.) genannt werden. Betriebliche Titel (Direktor, Prokurist) brauchen nicht aufgeführt zu werden. Geburtsdatum, Geburtsort und Geburtsname der Arbeitnehmer und Arbeitnehmerinnen können hinzugefügt werden.

Checkliste

Inhalt eines einfachen Zeugnisses

- Vorname, Familienname, bei verheirateten beziehungsweise geschiedenen Frauen auch der Geburtsname,
- Geburtsdatum und Geburtsort,
- akademische und öffentlich-rechtliche Titel,
- Art und Dauer des Beschäftigungsverhältnisses,
- Ausscheiden,
- Firma, Unterschrift, Datum.

Das qualifizierte Zeugnis

Im Gegensatz zum einfachen Zeugnis enthält das qualifizierte Zeugnis zusätzlich zu der Bestätigung über Art und Dauer der Beschäftigung Aussagen über *Führung und Leistung* des Arbeitnehmers. Das qualifizierte Zeugnis bewertet die gesamte Dauer des Arbeitsverhältnisses und enthält alle Punkte, die für die Beurteilung des Mitarbeiters von Interesse sind.

Aussagen über Führung und Leistung

Der Arbeitgeber kann nicht über Führung oder Leistung getrennt ein Zeugnis ausstellen. Der Arbeitnehmer kann auch nicht ein Zeugnis nur für einen bestimmten Zeitraum des Arbeitsverhältnisses oder für verschiedene Funktionen gesondert fordern.

Das Zeugnis sollte über die gesamte Dauer der Beschäftigung Aufschluss geben, was dann schwierig sein kann, wenn der Mitarbeiter über eine lange Zeit bei einem Unternehmen beschäftigt war. Personalakte, Befragungen früherer Vorgesetzter und natürlich der Mitarbeiter selbst können weiterhelfen, um die notwendigen Informationen als Grundlage zusammenzutragen.

Umfassende Beurteilung

Der Arbeitnehmer hat ein Recht auf ein umfassendes Arbeitszeugnis, das heißt alle für Führung und Leistung bedeutsamen Vorgänge und Verhaltensweisen des Arbeitnehmers müssen im Arbeitszeugnis erwähnt werden. Der Arbeitgeber muss sich deshalb darum bemühen die Gesamtführung und die Gesamtleistung des Arbeitnehmers und damit die *Gesamtpersönlichkeit* des Arbeitnehmers im Zeugnis zu würdigen (Landesarbeitsgericht Düsseldorf vom 2. Juli 1976, 9 Sa 727/76). Das bedeutet auch, dass der Arbeitgeber der individuellen Besonderheit des Arbeitnehmers gerecht werden muss. Die Bewertung sollte sich auf die Qualität der erbrachten Leistungen, die Fähigkeiten, die Belastbarkeit, Initiative und Engagement, das Verhalten zu den Vorgesetzten und Mitarbeitern, das Führungsverhalten usw. erstrecken.

Spielraum ...

mit Pflicht zur Objektivität

Während sich der Arbeitgeber beim einfachen Zeugnis auf die Stellenbeschreibung beschränken muss, steht ihm im qualifizierten Arbeitszeugnis hinsichtlich Führung und Leistung des Mitarbeiters ein sogenannter *Beurteilungsspielraum* zu (Bundesarbeitsgericht, Urteil vom 12. August 1976, 3 AZR 720/75). Er kann den Mitarbeiter aus seiner Sicht beurteilen. Er ist aber verpflichtet, den Arbeitnehmer so objektiv wie möglich zu beurteilen. Er sollte sich auch nicht durch die Stellung des Arbeitnehmers in der Hierarchie beeinflussen lassen, das heißt womöglich höhergestellte Mitarbeiter besser bewerten als Mitarbeiter in den unteren Hierarchiegruppen, weil man den Führungskräften von vornherein auch eine bessere Leistungsqualität unterstellt. Willkürliche oder überzogene Maßstäbe darf der Arbeitgeber bei seiner Beurteilung natürlich ebenfalls nicht anlegen, er muss bestimmte Spielregeln einhalten. Seine Beurteilung kann vom Gericht überprüft werden. Der Arbeitgeber muss darüber hinaus auch darauf Rücksicht nehmen, dass in der Praxis bestimmten Zeugnisformulierungen auch ganz bestimmte Wertungen zugerechnet werden. Wie der Arbeitgeber ein Zeugnis ausstellen muss, haben schon vor Jahren die Richter festgelegt: Das Zeugnis muss der *Wahrheit* entsprechen (Bundesarbeitsgericht, Urteil vom 23. Juni 1960, 5 AZR 560/58) und soll »von verständigem *Wohlwollen* gegenüber dem Arbeitnehmer getragen sein und ihm das weitere Fortkommen nicht ungerechtfertigt erschweren« (Bundesgerichtshof, Urteil vom 26. November 1963, VI ZR 221/62).

Als Aufforderung an die Arbeitgeber, nur noch schöngefärbte Zeugnisse, also reine Gefälligkeitszeugnisse, zu erstellen, sollte allerdings dieses Urteil nicht missverstanden werden. Vielmehr kann ein Zeugnis durchaus auch negative Aussagen enthalten (Landesarbeitsgericht Düsseldorf, Urteil vom 18. November 1958, 3 Sa 274/58).

TIPP: Der Arbeitgeber ist an seine Formulierungen im Arbeitszeugnis gebunden, das heißt, er kann seinem Mitarbeiter nicht ein ausgezeichnetes Zeugnis ausstellen und ihm gleichzeitig wegen schlechter Leistungen kündigen.

Checkliste

Inhalt eines qualifizierten Zeugnisses

- Geschäftsbogen mit voller Adresse des zeugnisausstellenden Unternehmens
- Überschrift (Endzeugnis, vorläufiges Zeugnis, Zwischenzeugnis oder Ausbildungszeugnis)
- Persönliche Daten des Zeugnisberechtigten (Vor- und Nachname, bei verheirateten oder geschiedenen Frauen auch der Geburtsname, Geburtsdatum und Geburtsort, akademischer Grad, öffentlich-rechtliche Titel, zum Beispiel Adelsprädikat, Doktortitel)
- Dauer der Beschäftigung unter Angabe des Datums von Beginn und Ende
- Beschreibung der Tätigkeiten in chronologischer Reihenfolge
- Kenntnisse und Erfahrungen des Mitarbeiters auf den ihm zugewiesenen Arbeitsplätzen
- Beurteilung der Leistungen des Arbeitnehmers (Stärken, Fähigkeiten, Erfolge)
- Besuchte Fortbildungsveranstaltungen
- Beurteilung der Führung im Dienst (Vertrauenswürdigkeit und Loyalität, Sozialverhalten gegenüber Vorgesetzten, Kollegen und Dritten)
- Beurteilung der Führungsfähigkeit
- Angabe über Auflösung des Arbeitsverhältnisses
- Schlussformel mit Bedauern über das Ausscheiden, Dank für geleistete Dienste, Wünsche für die Zukunft
- Ausstellungsort, Datum und Unterschrift

Der Wechsel vom einfachen zum qualifizierten Zeugnis

»Wahlfreiheit«

Der Arbeitnehmer hat die Wahl: Er kann entweder ein einfaches oder ein qualifiziertes Arbeitszeugnis verlangen. Hat er beispielsweise ein einfaches Zeugnis verlangt, stellt sich die Frage, ob er später noch ein qualifiziertes Zeugnis fordern kann. Es ist einhellige

Meinung, dass er noch nachträglich ein qualifiziertes Zeugnis verlangen kann ohne das ihm schon ausgehändigte einfache Zeugnis zurückgeben zu müssen. Dies gebietet schon der Wortlaut des § 630 BGB sowie die Fürsorgepflicht des Arbeitgebers. Das qualifizierte Zeugnis enthält aber dann das spätere Ausstellungsdatum.

Wechselmöglichkeiten

Der umgekehrte Fall, wonach der Arbeitnehmer ein qualifiziertes Zeugnis erhalten hat, aber später lieber ein einfaches Zeugnis ausgestellt haben möchte, ist ebenfalls unproblematisch: Da das einfache Zeugnis sozusagen im qualifizierten enthalten ist, steht der Erteilung nichts im Wege. Auch das qualifizierte Zeugnis muss der Arbeitnehmer nicht zurückgeben.

Hat der Arbeitnehmer ein einfaches Zeugnis verlangt, erhält er aber ein qualifiziertes, kann er dieses zurückweisen und auf der Ausstellung eines einfachen Zeugnisses beharren. Verlangt er ein qualifiziertes und erhält er ein einfaches, braucht er sich damit nicht zufriedenzugeben. Er muss dann das einfache Zeugnis zurückschikken und kann auf der Ausstellung eines qualifizierten Zeugnisses bestehen.

TIPP: Vielfach wird empfohlen, man solle nur ein einfaches Zeugnis verlangen, wenn man mit einer schlechten Beurteilung rechnen muss. Dieser Rat kann guten Gewissens allenfalls für Beschäftigte in unteren Lohnklassen gegeben werden. Denn bei Angestellten erwarten Personalchefs immer ein qualifiziertes Zeugnis. Wer sich hier nur mit einem einfachen Zeugnis bewirbt, wird sich von vornherein disqualifizieren.

Das Zwischenzeugnis

Üblich – ohne gesetzliche Grundlage

Die Erteilung eines Zwischenzeugnisses ist zwar nicht durch Gesetz geregelt, der Anspruch auf ein Zwischenzeugnis während des bestehenden Arbeitsverhältnisses ist aber allgemein anerkannt, wenn dafür ein berechtigtes Interesse vorliegt. Es kann verlangt werden,

- wenn der Arbeitgeber dem Arbeitnehmer demnächst kündigen will oder die Beendigung des Arbeitsverhältnisses auch in seinem Interesse liegt;
- wenn der Arbeitnehmer sich um eine neue Stelle bewerben will beziehungsweise ihm ein Vertragsangebot eines anderen Arbeitgebers vorliegt;
- wenn der Arbeitnehmer (auch betriebsinterne) Fortbildungskurse oder Fach- oder Hochschulen besuchen will;

- wenn der Arbeitnehmer in der Privatwirtschaft innerhalb des Betriebs versetzt wird, vor allem dann, wenn es sich um eine andersartige Tätigkeit und einen neuen Vorgesetzten handelt und wenn es in dem Unternehmen nicht üblich ist, regelmäßig Zwischenbeurteilungen zu den Personalakten zu nehmen. Beamte können bei einer Versetzung kein Zwischenzeugnis verlangen, anders bei Angestellten im öffentlichen Dienst;
- wenn ein Wechsel des Arbeitgebers oder Vorgesetzten bevorsteht. Das gilt auch für den Konkurs der Firma oder eine Betriebsübernahme;
- wenn sich das Unternehmensgefüge ändert und sich diese Vorgänge auf das Arbeitsverhältnis auswirken, etwa bei leitenden Angestellten;
- wenn die Beschäftigung für längere Zeit unterbrochen werden soll, etwa wegen Erziehungsurlaubs oder der Einberufung zum Wehr- oder Zivildienst;
- wenn der Mitarbeiter ein politisches Mandat übernimmt.

Ungeeignet als »Drohgebärde«

Wer aus anderen als den oben aufgeführten Gründen ein Zwischenzeugnis fordert, zum Beispiel um nur seinen »Marktwert« zu testen oder den Arbeitgeber damit indirekt unter Druck zu setzen, um damit eine Gehaltserhöhung durchzusetzen, wird vielleicht das Gegenteil dessen erreichen, was er angestrebt hat. Das belastet nicht nur die Arbeitsatmosphäre, sondern kann sich für den Arbeitnehmer als schädlich erweisen, da die Rechtsprechung den Kündigungsgrund des *Abkehrwillens* des Mitarbeiters anerkannt hat. Wer deshalb einen neuen Job sucht, sollte diese Absicht besser nicht lauthals verkünden. Bei einem Bewerber, der sich aus einer ungekündigten Position heraus bewirbt, weiß der neue Arbeitgeber ohnehin, dass der Bewerber in der Regel kein aktuelles Arbeitszeugnis vorlegen kann, sondern bestenfalls eine Kopie der letzten Mitarbeiterbeurteilung oder eine Stellenbeschreibung.

> TIPP: Dem Arbeitnehmer kann nur geraten werden jede sich bietende Gelegenheit zu nutzen, um sich ein Zwischenzeugnis ausstellen zu lassen.

Freundlicherer Tonfall

Das hat handfeste Vorteile: Zwischenzeugnisse fallen erfahrungsgemäß freundlicher und besser aus als Endzeugnisse. Grund: Während eines bestehenden Arbeitsverhältnisses will man den Mitarbeiter in der Regel halten und mit einem lobenden Zwischenzeugnis motivieren. Erteilt der Arbeitgeber später ein endgültiges Zeugnis, ist er zwar nicht an seine Formulierungen im Zwischenzeugnis gebunden (Landesarbeitsgericht Düsseldorf vom 2. Juli 1976, 9 Sa 727/76). Er kann aber nur dann inhaltlich vom Zwischenzeugnis abweichen, wenn sich in der Zeit zwischen der Erteilung des Zwischenzeugnisses und der des endgültigen Zeugnisses gravierende Vorkommnisse ereignet haben, die im endgültigen Zeugnis erwähnt werden müssen. Je kürzer die Zeitspanne zwischen der Erteilung des Zwischenzeugnisses und der endgültigen Beurteilung ist, desto schwieriger ist es für das Unternehmen vom Text des Zwischenzeugnisses abzuweichen.

Abweichungen vom Zwischenzeugnis

Auch für eine *Abmahnung* ist das Zwischenzeugnis von Bedeutung: Sie darf sich nur auf Vorkommnisse nach der Erteilung des Zwischenzeugnisses beziehen. Wer also vor der Erteilung des Zwischenzeugnisses einen schweren Fehler gemacht hat, kann dafür später nicht mehr abgemahnt werden.

Der Arbeitgeber ist auch hinsichtlich der Beurteilung des Mitarbeiters an seine Formulierungen im Zwischenzeugnis gebunden, soweit keine triftigen Gründe vorliegen, die ihn zu einer Änderung berechtigen. Dies gilt vor allem dann, wenn zwischen der Ausstellung des Zwischenzeugnisses und der Ausstellung des Endzeugnisses nur einige Wochen oder Monate liegen.

Verweigerung des Zwischenzeugnisses

Verweigert der Arbeitgeber dem Arbeitnehmer in einem berechtigten Fall das Zwischenzeugnis, kann der Arbeitnehmer den Arbeitgeber verklagen und sogar eine einstweilige Verfügung erlangen, wenn er dieses Zeugnis für den Abschluss eines neuen Arbeitsvertrages dringend braucht. Scheitert der neue Arbeitsvertrag daran, dass der Arbeitgeber kein Zwischenzeugnis ausgestellt hat, so macht er sich schadensersatzpflichtig. Der Schaden besteht dann in der Differenz zwischen dem Verdienst, den er bei einem anderen Arbeitgeber erhalten hätte, und dem alten Gehalt.

Das Berufsausbildungszeugnis

Auch Auszubildende haben einen Zeugnisanspruch. Nach Ende der Ausbildung beziehungsweise auch beim Abbruch der Ausbildung muss der Lehrherr, ohne dass dies der Auszubildende verlangen muss, ein Zeugnis ausstellen.

Das *einfache Ausbildungszeugnis* enthält Angaben über Art, Dauer und Ziel der Berufsausbildung sowie über die in der Ausbildungszeit

Besonderheiten

erworbenen Fertigkeiten und Kenntnisse. Es muss auch genau geschildert werden, welche Ausbildungsstationen vom Auszubildenden durchlaufen worden sind. Eine Verkürzung der Ausbildungszeit wegen guter Leistungen sollte genannt werden. Erwähnt werden sollte auch, wann und vor welcher Industrie- und Handelskammer oder Handwerkskammer und in welchem Ort die Prüfung mit welcher Note abgelegt wurde.

Vorteilhafter: ein qualifiziertes Zeugnis

Vorteilhafter als ein einfaches Zeugnis ist für eine spätere Bewerbung ein *qualifiziertes Ausbildungszeugnis*, das auch eine Beurteilung des Sozialverhaltens, der Leistungen und besonderen fachlichen Fähigkeiten enthält. Ein qualifiziertes Zeugnis muss der Auszubildende ausdrücklich vom Ausbildenden verlangen. Hat der Lehrherr die Ausbildung nicht selbst durchgeführt, soll auch der Ausbilder das Zeugnis unterschreiben. Im Zeugnis darf nicht festgehalten werden, wenn der Auszubildende ein erstes Mal durch die Prüfung gefallen ist. Hat der Auszubildende die Prüfung dagegen endgültig nicht bestanden, darf der Arbeitgeber dies ins Zeugnis schreiben. Auszubildende, die aus konjunkturellen Gründen oder weil sie im Anschluss an die Lehre studieren wollen, nicht in ein festes Arbeitsverhältnis übernommen werden, sollten ihren Arbeitgeber bitten diese Gründe ins Zeugnis aufzunehmen.

Bei besonderen Anlässen können auch Auszubildende ein Zwischenzeugnis verlangen: Bevorstehender Ausbildungsabbruch, geplanter Wechsel des Ausbildungsberufes oder -betriebes, bevorstehendes Ausbildungsende ohne anschließende Übernahme.

Checkliste

Inhalt eines Berufsausbildungszeugnisses

- Vor- und Familienname, Geburtsdatum und Geburtsort des Auszubildenden,
- Dauer des (tatsächlichen) Ausbildungsverhältnisses,
- Art und Ziel der Berufsausbildung,
- erworbene Kenntnisse und Fertigkeiten,
- Angaben über Verhalten und Leistung, zum Beispiel Teamfähigkeit und Kooperationsbereitschaft, Fleiß, Auffassungsgabe, Arbeitsmenge, Arbeitstempo, Gewissenhaftigkeit, Sorgfalt, Geschick, Eifer, Ehrgeiz, Interesse, Ordnungs- und Sauberkeitssinn,
- Angabe der Industrie- und Handelskammer, vor der die Abschlussprüfung bestanden wurde, Ort und Note,
- gute Wünsche für die berufliche Zukunft.

Zeugnis

Herr Martin Rittberger, geboren am 20.6.1965 in Stuttgart, war bei uns vom 1.7.1996 bis 30.3.1997 als Maschinenarbeiter im Werkzeugbau tätig.

Sindelfingen, den 27.3.1997

(Unterschrift)

Zeugnis

Frau Gertrud Haupt, geboren am 19. Mai 1968 in München, war vom 1. Januar 1994 bis zum 31. Dezember 1996 in unserer Kurzwarenabteilung als Verkäuferin tätig.
Frau Haupt verlässt uns auf eigenen Wunsch. Für ihre Zukunft wünschen wir ihr alles Gute.

München, den 31.12.1996

(Unterschrift)

Zeugnis

Frau Marianne Schulz, geboren am 9. Oktober 1960 in Essen, war vom 1.3.1990 bis 31.3.1997 in meinem Friseurgeschäft als Friseuse beschäftigt.

Schon nach kurzer Zeit hatte sich Frau Schulz gut eingearbeitet. Zu ihrem Aufgabengebiet gehörte insbesondere Haare waschen und schneiden, föhnen, färben und tönen, Dauerwellen legen, modische Haarschnitte und Frisuren, Tages- und Abendfrisuren. Durch ihre freundliche und zuvorkommende Art sowie ihr hohes fachliches Können gelang es Frau Schulz sehr rasch, sich einen eigenen Kundinnenstamm aufzubauen. Ihre Einsatzbereitschaft und ihr Verhalten waren vorbildlich.

Frau Schulz verlässt uns auf eigenen Wunsch, weil sie sich selbstständig machen möchte. Wir bedauern ihren Weggang sehr, bedanken uns für ihre tatkräftige Mitarbeit in den letzten Jahren und wünschen ihr für die Zukunft viel Erfolg und alles Gute.

Essen-Werden, den 27.3.1997

(Unterschrift)

Qualifiziertes Zeugnis

Zeugnis

Herr Peter Schneider, geboren am 2.5.1950 in Hamburg, trat am 1.1.1980 in unser Kreditinstitut ein.

Herr Schneider ist als Sachbearbeiter im Kreditgeschäft eingesetzt. Zu seinen Aufgaben gehören die Entgegennahme und Überprüfung sowie Bearbeitung aller Kreditanträge, die Überwachung der ausgezahlten Kredite und die Abwicklung des gesamten Schriftwechsels.

Herr Schneider ist ein sehr fähiger und tüchtiger Bankkaufmann. Aufgrund seiner langjährigen Berufserfahrung und großen Gewissenhaftigkeit bearbeitet Herr Schneider auch Großkredite. Auch unsere Kunden schätzen ihn als hilfsbereiten und kompetenten Gesprächspartner. Er hat seine Aufgaben stets zu unserer vollsten Zufriedenheit erfüllt.

Auch sein Verhalten gegenüber Vorgesetzten und Kollegen war immer einwandfrei.

Herr Schneider wird seine neue Tätigkeit bei der Kreissparkasse aufnehmen, wo ihm die Stelle eines Abteilungsleiters angeboten worden ist.

Wir bedauern sein Ausscheiden zum 31.3.1997 außerordentlich und danken ihm für seine wertvolle Mitarbeit, die maßgeblich zum Erfolg der Abteilung beigetragen hat.

Wir wünschen Herrn Schneider auf seinem weiteren Berufs- und Lebensweg alles Gute und weiterhin viel Erfolg.

Hannover, den 27.3.1997

(Unterschrift)

Qualifiziertes Zeugnis

Zwischenzeugnis

Frau Gabriele Wehrmann, geboren am 2. April 1955 in Bad Soden, trat am 1. Oktober 1989 in unser Unternehmen als Stenotypistin ein.

Sie war in der Abteilung Rechnungswesen tätig und dort mit Sekretariats- und Verwaltungsaufgaben beauftragt. Außerdem erledigte sie zusätzlich die Kundenkorrespondenz.

Frau Wehrmann ist eine fleißige und gewissenhafte Mitarbeiterin, mit deren Leistungen wir immer voll zufrieden waren.

Wegen ihres stets freundlichen und hilfsbereiten Wesens hat sie sich bei ihren Vorgesetzten und Mitarbeitern große Sympathien erworben.

Wir stellen Frau Wehrmann dieses Zwischenzeugnis aus, weil ihr Vorgesetzter in unser Zweigwerk nach Augsburg versetzt wird.

München, den 14. 3. 1997

(Unterschrift)

Zwischenzeugnis

Zwischenzeugnis

Herr Michael Sichler, geboren am 20.2.1976 in Essen, ist vom 1.9.1993 bis 28.2.1997 in unserer Dortmunder Maschinenfabrik als Maschinenbaumechaniker ausgebildet worden. Innerhalb seiner Ausbildung hat er den Schwerpunkt »Allgemeiner Maschinenbau« gewählt.

Seit 1.3.1997 haben wir Herrn Sichler in unsere Abteilung Maschinenbau übernommen. Dort ist er mit der Fertigung von Werkstücken aus Eisen- und Nichteisenmetallen sowie Kunststoffen beschäftigt. Diese montiert er zu Maschinen, prüft diese hergestellten Produkte, stellt sie funktionsgerecht ein und baut auch die für die Montage erforderlichen Werkzeuge selbst. Außerdem ist Herr Sichler mit Reparaturen an den Maschinen und Geräten durch Demontage, Nacharbeiten und Austausch von Bauteilen betraut.

Herr Sichler ist ein gewissenhafter und zuverlässiger Mitarbeiter. Sein Verhalten gegenüber Vorgesetzten und Mitarbeitern ist tadellos. Dieses Zwischenzeugnis stellen wir auf Wunsch von Herrn Sichler aus, weil er an der Abendschule sein Abitur nachmachen möchte.

Dortmund, den 18.4.1997

(Unterschrift)

Zwischenzeugnis

Ausbildungszeugnis

Frau Susanne Meier, geboren am 18.10.1976 in Hamburg, begann ihre Ausbildung zur Bankkauffrau am 1.8.1994 in unserem Hause. Frau Meier wurde in den wichtigsten Abteilungen ausgebildet. Sie lernte das Aktiv-, das Passiv- und das Dienstleistungsgeschäft der Sparkasse kennen. Ihre Ausbildung ergänzte Frau Meier im Zweigstellendienst. Hier wurde sie besonders mit der Bedienung von Kunden vertraut gemacht.

Ihre theoretischen Kenntnisse erwarb sich Frau Meier in der Berufsschule und in regelmäßig stattfindenden innerbetrieblichen Unterrichtsveranstaltungen. Außerdem wurden in audiovisuellen Trainingsseminaren Verhaltenstechniken der Kundenberatung vermittelt.

Frau Meier hat die Gelegenheit genutzt sich in einer modernen und rationell organisierten Großsparkasse die für unseren Beruf erforderlichen Fertigkeiten und Kenntnisse anzueignen, einschließlich der Fähigkeit, die herkömmlichen Büromaschinen zu bedienen.

Frau Meier zeichnete sich in allen Tätigkeitsbereichen durch Engagement und großes Interesse aus. Mit ihren Leistungen hat sie uns stets überzeugt. Sie arbeitete sorgfältig und konnte vielseitig eingesetzt werden. Frau Meier war eine hilfsbereite und höfliche Auszubildende. Ihr Verhalten war einwandfrei.

Im Juni 1996 hat Frau Meier die Abschlussprüfung mit der Note »gut« vor der Industrie- und Handelskammer Hamburg bestanden. Sie verlässt uns auf eigenen Wunsch mit dem 28.6.1995. Wir wünschen Frau Meier für die Zukunft alles Gute.

Hamburg, den 28.6.1996

(Unterschrift)

Berufsausbildungszeugnis

Praktikantenzeugnis

Herr stud. iur. Stefan Zeitler, geboren am 30.8.1976, hat während der Semesterferien vom 1.7. bis 15.8.1996 ein Praktikum in der Lokalredaktion des Neustädter Boten absolviert.

Herr Zeitler wurde seinen Interessen entsprechend mit Themen der Rechtspflege und Sozialpolitik betraut, die er unter redaktioneller Anleitung weitgehend selbstständig erarbeitet hat. Auch eigene Themenvorschläge wurden gut realisiert; seine Artikel waren gründ- lich recherchiert und ansprechend geschrieben.

Herr Zeitler war sehr fleißig sowie aufgeschlossen und angenehm im Umgang mit den Kollegen.

Neustadt, den 15.8.1996

(Unterschrift)

Qualifiziertes Zeugnis für einen Praktikanten

Welche formalen Punkte müssen beachtet werden?

Äußere Form

Das Arbeitszeugnis muss schriftlich erteilt werden. Üblich ist heute, dass es mit Schreibmaschine oder Computer geschrieben ist. Mit einem handschriftlichen Zeugnis sollte man sich deshalb nicht zufrieden geben. Dass mit Bleistift geschriebene Zeugnisse erst recht nicht akzeptabel sind, versteht sich von selbst. *Schriftlichkeit*

Übrigens dürfen Arbeitszeugnisse nicht nachträglich verbessert oder geändert werden, stattdessen muss das ganze Zeugnis neu geschrieben werden.

Es ist üblich, das Arbeitszeugnis mit der Überschrift »Zeugnis« zu versehen. Aus der Überschrift sollte deutlich hervorgehen, ob es sich um ein Endzeugnis, um ein Zwischenzeugnis oder um ein vorläufiges Zeugnis handelt.

Das Zeugnis ist auf einer guten Papierqualität im DIN-A4-Format zu erstellen. Der Arbeitnehmer kann von seinem Arbeitgeber verlangen, dass dieser für das Zeugnis einen Geschäftsbogen verwendet (siehe Gerichtsurteile im Anhang). Ergibt sich die korrekte Anschrift des Arbeitgebers nicht bereits aus dem Briefbogen, muss die Unterschrift des Ausstellers mit dem Firmenstempel ergänzt werden. Der Firmenstempel ohne Unterschrift genügt den Anforderungen an ein korrektes Arbeitszeugnis allerdings nicht. Die Anschrift des Arbeitnehmers hat im Arbeitszeugnis nichts verloren, weil das Arbeitszeugnis nicht als Brief ausgestaltet und verwendet wird. Außerdem könnte ein neuer Arbeitgeber versucht sein, aus der Adresse (gute/schlechte Wohngegend) Rückschlüsse auf den Bewerber zu ziehen, die nicht zulässig oder unzutreffend sind. *Anschrift des Arbeitgebers*

Arbeitnehmer sind mit »Herr«, volljährige Arbeitnehmerinnen mit »Frau« zu titulieren.

Das Zeugnis ist in deutscher Sprache abzufassen, auch das Zeugnis eines ausländischen Arbeitnehmers. Schließlich sollte das Arbeitszeugnis maximal zwei DIN-A4-Seiten lang sein. Es sollte nicht geknickt werden. *Umfang*

> TIPP: Bei einer Bewerbung sollte man nie Originale verschicken, weil sie verschmutzt oder beschädigt werden beziehungsweise verloren gehen können. Saubere, gute Kopien reichen völlig aus. Fremdsprachige Zeugnisse sollten immer mit einer Übersetzung verschickt werden.

Schreibfehler

Absicht?

Bei Schreibfehlern im Zeugnis ist große Wachsamkeit des Arbeitnehmers geboten. Der Grund: Manchmal ist der Fehler absichtlich ins Arbeitszeugnis eingebaut worden, um damit eine gewisse Geringschätzung des Arbeitnehmers auszudrücken. Soweit es sich nicht um einen völlig harmlosen Schreibfehler handelt, sollte der Arbeitnehmer deshalb auf einer fehlerfreien Version bestehen. Dasselbe gilt natürlich für ein geknicktes oder beschmutztes Arbeitszeugnis. Der Arbeitnehmer kann auf jeden Fall ein äußerlich tadelloses Zeugnis ohne Streichungen, Ausbesserungen, Kleckse und Knicke verlangen.

Keine Geheimzeichen oder Hervorhebungen

Mit besonderen *Geheimzeichen* oder anderen Merkmalen darf das Zeugnis nicht versehen werden (vgl. S. 42 bis 43). Ebensowenig dürfen bestimmte Worte oder Formulierungen unterstrichen oder in Anführungszeichen gesetzt werden. Nicht zulässig sind auch Ausrufungs- und Fragezeichen.

Ort und Datum

Neben der vollen Anschrift des Arbeitgebers und dem Ausstellungsort muss das Arbeitszeugnis auch das *Ausstellungsdatum* tragen.

Ausstellungsdatum und Vertragsende

Arbeitgeber, bei denen sich der Arbeitnehmer um eine neue Stelle bemüht, achten darauf, dass das Ausstellungsdatum mit dem Tag der Beendigung des Beschäftigungsverhältnisses übereinstimmt. Andernfalls liegt die Vermutung nahe, dass es Streit um die Formulierungen gegeben hat. Zeugnisaussteller und Zeugnisempfänger sollten daher auf die Übereinstimmung der Daten achten.
Ein krummes Ausstellungsdatum kann auf eine fristlose Kündigung hindeuten.
Im Falle der *nachträglichen Änderung* des Zeugnisses behält das berichtigte Zeugnis das ursprüngliche Datum – unabhängig davon, ob der Arbeitgeber das Zeugnis von sich aus berichtigt oder ob er dazu in einem Gerichtsverfahren verurteilt wurde (siehe Gerichtsurteile im Anhang).
Eine *Rückdatierung* kann der Arbeitnehmer dagegen nicht verlangen. Fällt dem Arbeitnehmer erst einige Zeit nach seinem Ausscheiden aus der Firma ein, dass er ein Zeugnis haben möchte, oder verlangt er statt eines einfachen nun ein qualifiziertes Arbeitszeugnis, so trägt das Zeugnis das aktuelle Datum.

Zeyko-GmbH Fabrik für Kunststofferzeugnisse

Landshuter Allee 20
82245 München

Telefon: (089) 2 84 56 80
Telefax: (089) 2 84 56 00

München, den 27. März 1997

Zeugnis

Frau Maria Bucher, geboren 24. 8. 1940, war in der Zeit vom 1. August 1990 bis 31. März 1997 in unserem Unternehmen als Teilzeit-Sekretärin beschäftigt.
Frau Bucher war vorwiegend mit Schreibarbeiten nach Band beziehungsweise Stenogramm befasst. Hinzu kamen Tätigkeiten wie etwa Bedienung der Telefonzentrale, das Führen des Auftragsbuches, Überwachung und Bearbeitung des Warenein- und Warenausgangs, Rechnungsstellung, Abwicklung der Auslieferung usw.
Wir können Frau Bucher bestätigen, dass sie den gestellten Aufgaben zu unserer vollen Zufriedenheit nachgekommen ist. Ihr Engagement innerhalb des Betriebsablaufs möchten wir ausdrücklich erwähnen.
Das Verhalten von Frau Bucher gegenüber Vorgesetzten und Mitarbeitern war stets freundlich und korrekt.
Frau Bucher verlässt uns, um an einer Maßnahme des Arbeitsamtes teilzunehmen, die sich über mehrere Wochen erstreckt. Für die Zukunft wünschen wir ihr alles Gute.

Zeyko-GmbH

(Unterschrift)
Geschäftsleitung

Banken: Bayerische Vereinsbank, BLZ: 70020270, KtNr.: 62385599
Postgiroamt München, BLZ: 70010080, KtNr.: 293990-808

Musterzeugnis

Der Inhalt des Arbeitszeugnisses

Was muss im Arbeitszeugnis genannt werden?

Sowohl das einfache als auch das qualifizierte Arbeitszeugnis müssen möglichst detailliert Auskunft über Art und Dauer der Beschäftigung geben. Faustregel: Je qualifizierter die Tätigkeit war, desto ausführlicher muss sie im Arbeitszeugnis dargestellt werden. Die bloße Berufsbezeichnung oder Tätigkeitsbeschreibung reicht nicht aus. Alle bisherigen Tätigkeiten müssen chronologisch aufgelistet werden, sodass der künftige Arbeitgeber den beruflichen Werdegang beziehungsweise innerbetrieblichen Aufstieg des Bewerbers problemlos nachvollziehen kann. Anhaltspunkt für die Beschreibung der Tätigkeit kann die Stellenbeschreibung sein, sofern sie noch aktuell ist. Der Beurteilungsspielraum des Arbeitgebers ist bei der Beschreibung der Tätigkeit wesentlich eingeschränkter als bei seiner Beurteilung der Leistung (Bundesarbeitsgericht, Urteil vom 12. August 1976, 3 AZR 720/75).

Ausführliche Beschreibung der Tätigkeiten

Anhand der Bedeutung, die die ausführliche Beschreibung der Tätigkeit für den neuen Arbeitgeber hat, folgt auch, dass Spezialkenntnisse des Mitarbeiters im Zeugnis ebenso hervorzustreichen sind wie Bereiche, für die der Arbeitnehmer eine besondere Verantwortung übernommen hat. Auch besuchte Fortbildungsveranstaltungen sollten aufgeführt werden.

Spezielle Kenntnisse

Die Dauer des Arbeitsverhältnisses muss immer genau mit Datum angegeben werden, eine pauschale Angabe (»... war für die Dauer von zwei Jahren tätig«) genügt keinesfalls.

Verlangt der Arbeitnehmer ein *qualifiziertes Arbeitszeugnis*, erstreckt sich dieses Zeugnis auch auf Führung und Leistung. Unter den Begriff der Leistung fallen zum Beispiel Arbeitsweise und Arbeitserfolg, Arbeitsumfang, also Arbeitsgüte, -tempo und -ökonomie, fachliches Wissen und Können, Leistungsbereitschaft, körperliches und geistiges Leistungsvermögen, Ausdrucksvermögen, Verhandlungsgeschick und Verantwortungsbereitschaft. Der Arbeitgeber muss sich um ein Gesamtbild des Arbeitnehmers bemühen und versuchen einen Durchschnittsmaßstab an die erbrachten Leistungen anzulegen. Das Zeugnis muss das Arbeitsleben gebündelt wiedergeben. Das Zeugnis darf nichts auslassen, was der Leser eines Zeugnisses bei einer bestimmten Berufsgruppe erwartet.

Darstellung der Leistung

So muss zwar nicht in jedem Zeugnis auf die Ehrlichkeit des Mitarbeiters eingegangen werden. Bei bestimmten Berufen, wie zum Beispiel der Kassiererin, Verkäuferin oder Hausgehilfin, darf ein Hinweis auf die Ehrlichkeit jedoch nicht fehlen.

Vorübergehender Leistungsabfall

Zeiten, in denen der Arbeitnehmer aus persönlichen Gründen, wie zum Beispiel Krankheit oder Scheidung, vorübergehend schlechtere Leistungen erbracht hat, dürfen nicht ins Gewicht fallen, wenn es sich ansonsten um einen guten Mitarbeiter handelt. Auch einmalige positive oder negative Vorfälle, die für das Arbeitsverhältnis nicht charakteristisch und damit für das Gesamtbild des Beurteilten untypisch sind, gehören nicht in das Zeugnis, auch wenn sie zur Lösung des Arbeitsverhältnisses geführt haben. Gleiches gilt auch für einen vorübergehenden Leistungsabfall oder eine einmalige Fehlleistung.

Sozialverhalten

Die gleichen Maßstäbe müssen bei der Bewertung der Führung, also des Sozialverhaltens, angelegt werden. Darunter fallen Führungsstärke und Verhalten gegenüber Vorgesetzten, Mitarbeitern und Dritten, wie Kunden und Geschäftspartnern.

Kündigungsgründe

Beendigungsgründe und die Art und Weise der Kündigung dürfen weder im einfachen noch im qualifizierten Arbeitszeugnis erwähnt werden, da sie mit Art und Dauer des Arbeitsverhältnisses nichts zu tun haben. Ausnahme: Besteht der Mitarbeiter darauf, kann das Arbeitszeugnis darüber etwas aussagen, etwa wenn der Arbeitnehmer von sich aus gekündigt hat oder bei einer betriebsbedingten Kündigung. Auch über die Art der Kündigung (ordentlich oder fristlos) und darüber, welche Seite diese ausgesprochen hat, muss das Arbeitszeugnis prinzipiell Stillschweigen bewahren.

Was darf im Arbeitszeugnis nicht genannt werden?

Abmahnungen

Abmahnungen dürfen im Arbeitszeugnis grundsätzlich nicht erwähnt werden. Sie fließen natürlich trotzdem in die Gesamtbewertung des Arbeitnehmers mit ein.

Da sich das Arbeitszeugnis immer nur auf das dienstliche Verhalten des Arbeitnehmers beziehen darf, gehören private Dinge nicht in das Arbeitszeugnis.

Alkoholkonsum

Ob ein Arbeitnehmer gerne trinkt, gehört deshalb grundsätzlich nicht ins Arbeitszeugnis. Hatte der Alkoholgenuss allerdings konkrete Auswirkungen auf die Arbeitsleistung des Arbeitnehmers, wird er im Arbeitszeugnis nicht verschwiegen werden. Ist der Arbeitnehmer Kraftfahrer und war die Trunksucht Kündigungsgrund, ist der Arbeitgeber sogar verpflichtet, einen potenziellen neuen Arbeitgeber auf diesen Umstand aufmerksam zu machen, um eventuelle Schadensersatzansprüche zu vermeiden.

Bruch des Arbeitsvertrags

Einen Arbeitsvertragsbruch des Arbeitnehmers darf der Arbeitgeber im Zeugnis nicht ausdrücklich erwähnen. Vorfälle wie beispielsweise die Veruntreuung durch einen Buchhalter, den Geheimnisverrat einer Führungskraft oder die sittliche Verfehlung eines Heimleiters muss der Arbeitgeber jedoch ins Arbeitszeugnis aufnehmen.

Betriebsratstätigkeit

Über eine Betriebsratstätigkeit darf das Arbeitszeugnis keine Auskunft geben, da die Arbeit als Betriebsratsmitglied mit der eigentlichen Arbeitsleistung des Arbeitnehmers nichts zu tun hat und ihre Erwähnung geeignet ist sich nachteilig auszuwirken (Landesarbeitsgericht Hamm, Urteil vom 12. April 1976, 9 Sa 29/76). Etwas anderes gilt nur dann, wenn der Arbeitnehmer ausdrücklich wünscht, dass seine Betriebsrats- oder Gewerkschaftstätigkeit im Arbeitszeugnis erwähnt wird. Normalerweise darf aber auf die Betriebsratstätigkeit auch nicht mittelbar etwa mit der Formulierung hingewiesen werden, der Arbeitnehmer habe sich für die Interessen der Arbeitnehmer innerhalb und außerhalb des Betriebs engagiert eingesetzt (Arbeitsgericht Ludwigshafen, Urteil vom 18. März 1987, 2 Ca 281/87). Grundsätzlich kann deshalb ein Arbeitnehmer darauf klagen, dass eine Erwähnung seiner Betriebsratstätigkeit aus dem Arbeitszeugnis entfernt wird, und darüber hinaus auch unter Umständen Schadensersatz verlangen, soweit ihm daraus ein Schaden entstanden ist. In den siebziger und achtziger Jahren wurde vor allem in den Reihen der Gewerkschaften heftig

»Geheimzeichen«

über die angeblichen Geheimzeichen in Arbeitszeugnissen diskutiert, die die politische Haltung des Arbeitnehmers kennzeichnen sollten. Ein senkrechter Strich mit dem Kugelschreiber, links von der Unterschrift stehend, der aussieht wie ein Ausrutscher, bedeute »Mitglied einer Gewerkschaft«, ein Ausrutscher nach rechts »Mitglied einer linksstehenden Partei«. Ein Doppelhäkchen mache den Arbeitnehmer zum »Mitglied einer linksgerichteten, verfassungsfeindlichen Organisation«. Soweit es solche Arbeitszeugnisse auch vereinzelt gegeben hat, dürften solche Kennzeichnungen sehr selten sein. Dass solche Geheimzeichen verboten sind, folgt auch daraus, dass einem Arbeitnehmer aus seinem Betriebsratsamt keine Nachteile, auch nicht in seiner beruflichen Entwicklung, entstehen dür-

Erwähnung

fen. Ausnahme: Wenn das Betriebsratsmitglied über eine lange Zeit für die Betriebsratstätigkeit freigestellt gewesen ist und der Arbeitgeber deswegen überhaupt nicht mehr in der Lage ist, dessen Leistungen und Führung verantwortlich zu beurteilen (Landesarbeitsgericht Frankfurt/Main, Urteil vom 10. März 1977, 6 Sa

779/76). Erwähnt werden muss die Betriebsratstätigkeit deshalb auch dann, wenn für den Arbeitnehmer eine »Entfremdung vom Arbeitsplatz« eingetreten ist, zum Beispiel bei einem Programmierer, Elektroniker oder Techniker, der wegen der längeren Freistellung nicht mehr auf dem aktuellen Stand der Wissenschaft und Technik ist.

Bei Angabe der Freistellung

Gibt der Arbeitgeber im Zeugnis die Freistellung an, muss er aber auch anführen, an welchen inner- und außerbetrieblichen Maßnahmen der Berufsbildung das Betriebsratsmitglied teilgenommen hat.

Dieselben Grundsätze gelten für Jugend- und Auszubildendenvertreter. Denn die Tätigkeit als Jugendvertreter ist dem Direktionsrecht des Dienstherrn völlig entzogen und gehört nicht zu den zu beurteilenden dienstlichen Fähigkeiten des Mitarbeiters. Deshalb darf sie nur mit Einverständnis des Arbeitnehmers in der Beurteilung erwähnt werden.

Eine gewerkschaftliche Tätigkeit hat im Zeugnis ebensowenig zu suchen wie parteipolitische Aktivitäten außerhalb der beruflichen Tätigkeit, wie als Stadt- oder Gemeinderat.

Kündigungsgründe

Nur wenn der Mitarbeiter es verlangt, muss der Arbeitgeber die Kündigungsgründe angeben. Ist dem Arbeitnehmer zu Recht außerordentlich von seinem Arbeitgeber gekündigt worden, genügt es, dies durch die alleinige Angabe des Beendigungszeitpunkts zum Ausdruck zu bringen (Landesarbeitsgericht Düsseldorf, Urteil vom 22. Januar 1988, 2 Sa 1654/87).

Erkrankungen

Krankheiten dürfen im Zeugnis nicht vermerkt werden, selbst wenn sie den Kündigungsgrund abgegeben haben. Krankheitsbedingte Fehlzeiten dürfen selbst dann nicht in das Zeugnis aufgenommen werden, wenn vor der Beendigung des Arbeitsverhältnisses eine eineinhalbjährige krankheitsbedingte Arbeitsunfähigkeit ohne Unterbrechung vorgelegen hatte.

Eine Ausnahme wird man allerdings dann machen müssen, wenn die Krankheitszeiten so lang gewesen sind, dass eine abschließende Beurteilung durch den Arbeitgeber gar nicht mehr möglich ist. Auch wenn eine Gefährdung Dritter zu befürchten ist, muss der neue Arbeitgeber darauf hingewiesen werden. Leidet beispielsweise ein Arbeitnehmer unter Krampf- oder epileptischen Anfällen, kann eine Erwähnung im Zeugnis unumgänglich sein, wenn die Krankheit den Arbeitseinsatz im Unternehmen behindert hat. Aktuell: Da die Gefahr einer AIDS- Ansteckung gering ist, darf diese Krankheit nicht im Zeugnis erwähnt werden.

Behinderung Eine Schwerbehinderung wird im Zeugnis ebenfalls nicht aufgeführt. Um Missverständnissen vorzubeugen, kann es aber vorteilhaft sein, auf die Behinderung hinzuweisen.

Nebentätigkeit Über Nebentätigkeiten darf das Arbeitszeugnis keine Hinweise enthalten.

Parteizugehörigkeit Über eine Parteizugehörigkeit dürfen keine Angaben im Arbeitszeugnis gemacht werden. Das gehört zur Privatsphäre, deshalb darf auch im Vorstellungsgespräch nicht danach gefragt werden.

Straftaten Über Straftaten darf das Arbeitszeugnis nur dann etwas aussagen, wenn sie sich auf das Arbeitsverhältnis ausgewirkt haben, zum Beispiel bei der Verurteilung einer Verkäuferin wegen Diebstahls oder der nächtlichen Trunkenheitsfahrt mit einem Dienstfahrzeug. Der Verdacht einer strafbaren Handlung darf selbst dann nicht erwähnt werden, wenn er zur Entlassung des Arbeitnehmers geführt hat. Externe Vorstrafen gehören nicht ins Arbeitszeugnis.

Gewährter Urlaub und Bildungsurlaub dürfen ebenfalls nicht erwähnt werden.

Vergütung Im Arbeitszeugnis nicht angegeben werden darf auch die Höhe der Vergütung des Arbeitnehmers. Im Rahmen der Tätigkeitsbeschreibung kann allerdings die tarifvertragliche Vergütungsgruppe, in die der Arbeitnehmer zuletzt eingruppiert war, aufgeführt werden.

Ein bestehendes Wettbewerbsverbot ist nur auf Wunsch des Arbeitnehmers in das Zeugnis aufzunehmen, da es weder mit seiner Leistung noch seiner Führung in Zusammenhang steht.

Die Mitbestimmung des Betriebsrats

Bei Erteilung, Form und Inhalt des Arbeitszeugnisses hat der Betriebsrat grundsätzlich kein Mitbestimmungsrecht, er kann keinen Einfluss auf Formulierungen nehmen. Der Arbeitnehmer kann sich allerdings dann beim Betriebsrat beschweren, wenn der Arbeitgeber das Zeugnis nicht oder zu spät ausstellt. Dies gilt auch für einen Anspruch auf Ergänzung oder Berichtigung.

2. Die Bedeutung der Zeugnissprache

Gibt es einen Geheimcode?

Firmeneigener Stil

Fest steht: Es gibt keine geheimen überbetrieblichen Absprachen unter den Arbeitgebern oder Personalchefs zur Formulierung von Arbeitszeugnissen. Jedes Unternehmen hat im Laufe der Zeit seinen *eigenen Zeugnisstil* entwickelt und lobt oder tadelt den ausscheidenden Mitarbeiter mit eigenen Worten, mehr oder weniger gekonnt. Fest steht auch, dass das Abfassen eines Zeugnisses eine sehr subjektive Angelegenheit ist, die von der Stimmungslage, den vorangegangenen Ereignissen, die mit der Trennung in Zusammenhang stehen, und natürlich auch dem Sprachgefühl des Zeugnisausstellers bestimmt wird.

Gängige Formulierungen

Allerdings haben sich in der Praxis Formulierungen herausgebildet, an denen heute kein Zeugnisaussteller mehr vorbeikommt. Bestimmten Worten, Wortkombinationen oder Sätzen im Arbeitszeugnis kommt oft eine eigene Bedeutung zu. Meist klingen sie wohlwollender, als sie gemeint sind. Es ist deshalb für Arbeitgeber wie Arbeitnehmer wichtig die gängigen Formulierungen und ihre Bedeutung zu kennen, auch wenn sie teilweise unterschiedlich interpretiert werden. Die Zeugnissprache ist dennoch keine Geheimwissenschaft, sondern für jeden durch die zahlreichen Veröffentlichungen, die es zu diesem Thema auf dem Markt gibt, durchschaubar. Man könnte sie aber als eine Art *Fachsprache von Fachleuten* bezeichnen. Wer sein eigenes Zeugnis »entschlüsseln« will, muss sich in diese Fachsprache einarbeiten, das heißt in erster Linie eine gute Portion Zeit investieren.

Natürlich sind es vor allem negative Ereignisse oder Eigenschaften des Mitarbeiters, die verschlüsselt ins Zeugnis aufgenommen werden. Wer einen ausgezeichneten Mitarbeiter loben will, kann und sollte dies zumindest teilweise mit eigenen Formulierungen tun.

Kritik

Viele Fachleute kritisieren diese Zeugnissprache. Die Argumente: Zeugnisse werden aus Angst vor rechtlichen Konsequenzen zu knapp formuliert und sind damit unvollständig und nichtssagend.

Oder der Arbeitnehmer wird nicht gezielt beobachtet, sondern nur global eingeschätzt, was seiner Person nicht unbedingt gerecht wird. Manche Zeugnisse sind zu wenig differenziert, enthalten nur Floskeln und standardisierte Formulierungen.

Auch über gängige Formulierungen der Zeugnissprache gibt es bei den Arbeitgebern und Personalchefs keine volle Einigkeit. Zudem unterscheiden sich Zeugnisse von Großbetrieben und kleineren Firmen in Stil und Inhalt sehr deutlich. In Großunternehmen hat sich eine eher nüchterne und zurückhaltende Zeugnissprache durchgesetzt. Viele kleinere Betriebe dagegen beherrschen diese Diktion oftmals nur unzureichend oder gar nicht. Ihre Zeugnisse sind deswegen häufig direkter, härter und emotional geladen formuliert, was eine Wertung erschwert. Da werden in bester Absicht überschwengliche Zeugnisse aufgesetzt, die das Gegenteil von dem bewirken, was ihre Aussteller beabsichtigten.

Groß- und Kleinbetriebe

Anhaltspunkte

Für viele Personalchefs ist deshalb die Adresse des Zeugnisausstellers ein wichtiger Hinweis darauf, wie sie das Zeugnis einzuschätzen haben beziehungsweise ob sie ihm im Rahmen der Vorauswahl überhaupt eine Bedeutung zukommen lassen. Wenn eine gewisse Ungeübtheit unterstellt werden kann, darf nicht jedes Wort auf die Goldwaage gelegt werden, muss man vor Überinterpretationen auf der Hut sein. Deshalb kommt es auf den gesamten Zeugnisinhalt an, das Zeugnis kann nur einheitlich als Ganzes gelesen und interpretiert werden.

Umgekehrt kann auch ein Arbeitgeber, der einen neuen Mitarbeiter einstellen möchte, durch ein Arbeitszeugnis in die Irre geführt werden, wenn er sich in der Zeugnissprache nicht hinreichend auskennt. Glaubt er an ein anerkennendes, freundliches Zeugnis und überliest die verschlüsselten Hinweise auf die Defizite des Bewerbers, hat er den Schaden, wenn er diesen Bewerber einstellt.

Trotz aller Kritik denkt dennoch niemand ernsthaft daran, die Zeugnissprache abzuschaffen. Andernfalls ginge den Personalchefs auch eine wichtige Bewerbungsunterlage und Informationsquelle verloren, die einzige, die von dritter Seite aus etwas über den Bewerber aussagt. Was bliebe, wäre allein die telefonische Auskunft, von der dann sicher noch häufiger Gebrauch gemacht würde (vgl. S. 101 bis 104). Schließlich würde ein Zeugnis, das nichts mehr aussagt, zwar manchen leistungsschwachen Arbeitnehmer schützen, dagegen einem guten Arbeitnehmer, der seine Qualitäten gerne schwarz auf weiß gewürdigt sehen möchte, schaden.

Das Gebot von Wahrheit und Wohlwollen

Der Grund, weshalb sich eine solche Zeugnissprache entwickelt hat, liegt in der Forderung der Gerichte, dass das Zeugnis wahr sein soll und gleichzeitig von verständigem Wohlwollen für den Arbeitnehmer getragen sein muss und sein weiteres Fortkommen nicht unnötig erschweren soll (Bundesarbeitsgericht, Urteil vom 23. Juni 1960, 5 AZR 560/58). Ein wohlwollend formuliertes Zeugnis wird für einen guten Arbeitnehmer durch nachdrücklich positive Wortwahl erstellt, für einen schlechten Arbeitnehmer aber vor allem durch das bewusste Weglassen von Adjektiven, das Fehlen von einzelnen Aussagen oder ganzen Zeugnispassagen, die nur dem kundigen Leser auffallen. Das führt dazu, dass der in der Zeugnissprache unerfahrene Arbeitnehmer sein Zeugnis eher widerspruchslos akzeptieren wird.

Beredtes Schweigen

Gratwanderung

Zwischen dem Grundsatz der Zeugniswahrheit und dem Grundsatz des verständigen Wohlwollens herrscht oft ein Spannungsverhältnis, das den Arbeitgeber zu einer Gratwanderung bei der Ausstellung eines Arbeitszeugnisses zwingt. Einmütig haben die Richter allerdings der Wahrheitspflicht den Vorrang vor der wohlwollenden Formulierung eingeräumt. Zum Schutz künftiger Arbeitgeber ist das Unternehmen also verpflichtet, ein Zeugnis auszustellen, das den Tatsachen entspricht. Es muss immer ein *individuelles Zeugnis* ausgestellt werden, das heißt, es muss auf die persönliche Entwicklung und die berufsspezifischen und arbeitsplatzbedingten Besonderheiten zugeschnitten sein. Dazu gehört auch eine individuelle Formulierung der Beurteilung. Es hat daher keinen Sinn, alte Zeugnisse heranzuziehen, um daraus Passagen für ein neues Zeugnis abzuschreiben.

Vollständigkeit

Ein qualifiziertes Zeugnis darf nichts Wesentliches auslassen, insbesondere nicht zu Gesichtspunkten, zu denen der Leser eines Zeugnisses Äußerungen des bisherigen Arbeitgebers erwartet. Dieser Grundsatz der Vollständigkeit liegt im Interesse Dritter, aber auch im Interesse des Arbeitnehmers, soweit im Zeugnis Fakten genannt werden und er positiv beurteilt wird.

Verschweigt der Unternehmer bestimmte negative Tatbestände über seinen ausscheidenden Mitarbeiter, so kann er sich – wie bereits erwähnt – schadensersatzpflichtig machen, wenn dem neuen Arbeitgeber deshalb von diesem Arbeitnehmer ein Schaden zugefügt wird (vgl. auch S. 100 bis 101).

Rücksichtnahmen

Andererseits scheuen sich viele Personalchefs, dem Mitarbeiter über seine Schwächen im Arbeitszeugnis allzu deutliche Worte zu sagen. Müssen sie doch sonst langwierige Diskussionen oder gar einen Prozess vor dem Arbeitsgericht fürchten. Um diesem Ärger aus dem Weg zu gehen, stellen viele Unternehmen das Zeugnis von vornherein mindestens eine Note besser aus, als es den Tatsachen entspricht. Auch wenn dem Arbeitnehmer betriebsbedingt gekündigt werden muss oder wenn ihn das Unternehmen aus anderen Gründen loswerden möchte, wird man ihm ein rücksichtsvolles und schonendes Zeugnis ausstellen.

Wie aussagekräftig sind Zeugnisse aus der früheren DDR?

Keine Verschlüsselung

In der früheren DDR gab es keine Arbeitszeugnisse wie bei uns, sondern sogenannte *Beurteilungen*, die inhaltlich ehrlicher waren als unsere Zeugnisse. Eine Zeugnissprache kannte man dort nicht. Diese Beurteilungen wurden etwa bei einer Versetzung des Mitarbeiters oder bei seinem Ausscheiden aus dem Betrieb ausgestellt und bei einer Bewerbung den Unterlagen beigefügt. In der Beurteilung wurde die berufliche Entwicklung geschildert, also die Tätigkeiten, die der Mitarbeiter im Betrieb verrichtet hatte. Auch die Aus- und Weiterbildungsmaßnahmen waren aufgeführt. Anders als bei uns wurden negative Vorkommnisse oder Eigenschaften nicht verschleiert, sondern offen ausgesprochen. Insofern sind diese Beurteilungen zwar aussagekräftiger, damit aber auch subjektiver als westdeutsche Arbeitszeugnisse.

Gesellschaftliches Engagement

Einen hohen Stellenwert hatte in diesen DDR-Zeugnissen nicht allein die fachliche, sondern auch die gesellschaftliche Tätigkeit und Organisierung des Arbeitnehmers, zum Beispiel in der Partei (SED/Sozialistische Einheitspartei Deutschlands, CDU, LDPD/Liberal-Demokratische Partei Deutschlands), in Massenorganisationen (FDJ/Freie Deutsche Jugend, FDGB/Freier Deutscher Gewerkschaftsbund, DSF/Deutsch-Sowjetische Freundschaft, DTSB/Deutscher Turn- und Sportbund, GST/Gesellschaft für Sport und Technik, ZV/Zivilverteidigung, Kampfgruppe, VKSK/Verband der Kleingärtner, Siedler und Kleintierzüchter), Wohngebietsarbeit (zum Beispiel Freiwillige Feuerwehr, Volkssolidarität), Elternarbeit in der Schule (zum Beispiel Elternaktiv, Elternbeirat).

Gliederung

Die Beurteilung war folgendermaßen aufgebaut:
- Eintritt in den Betrieb
- beruflicher Werdegang und gesellschaftliche Entwicklung
- Aussage zur Berufserfahrung, Leistung und zu erhaltenen Auszeichnungen (Kollektiv der sozialistischen Arbeit, Aktivist, Verdienter Aktivist).

Aussagen zum Grund und zur Form der Beendigung des Arbeitsverhältnisses wurden nicht gemacht. Es wurden auch keine Zukunftswünsche geschrieben. Die Beurteilung wurde vom Vorgesetzten und, wenn vom Beschäftigten gewünscht, vom jeweiligen Abteilungsgewerkschaftsleiter unterschrieben.

Schlussfolgerungen

Wird in einer solchen Beurteilung der Mitarbeiter hinsichtlich seiner politisch-gesellschaftlichen Aktivitäten als sehr gut beurteilt und sagt das Zeugnis dagegen wenig über seine fachlichen Qualifikationen aus, so kann daraus geschlossen werden, dass er fachlich nicht allzuviel taugte.

Vor und nach der »Wende«

Während man die DDR-Beurteilung für die Zeit vor der Wende als guten Anhaltspunkt für die Leistungen des Mitarbeiters in dem Zeitraum, für die sie gemacht worden ist, werten kann, ist bei einem Arbeitszeugnis, das nach der Wende geschrieben wurde, Vorsicht geboten. Der Grund: Entweder wurden die Arbeitszeugnisse von den neuen Chefs geschrieben, die mit dem Mitarbeiter häufig nur kurz zusammengearbeitet hatten und ihn daher auch nicht richtig beurteilen konnten. Wurden die Zeugnisse dagegen vom alten Arbeitgeber geschrieben, versuchten viele, zumindest soweit sie selbst moralisch integer waren, angesichts der schlechten wirtschaftlichen Situation und der Massenentlassungen, das Beste für ihre Mitarbeiter herauszuholen, indem sie geschönte Zeugnisse ausstellten. Fachleute messen diesen Arbeitszeugnissen daher keinen großen Aussagewert zu.
Im folgenden sind drei Textbeispiele für DDR-Zeugnisse wiedergegeben.

Ministerium für Leichtindustrie

Sekretariat des Ministers
– Der Leiter –
Berlin, den 29.12.1989

Beurteilung für die Kollegin Ursula Schmidt, geboren am 3.12.1953

Kollegin Schmidt ist seit dem 1.12.1979 im Ministerium für Leicht-industrie beschäftigt.
In der Zeit vom 1.1.1978 bis 30.4.1986 war sie als Sekretärin des Ministers für Leichtindustrie tätig.
Ab 1.5.1986 übernahm sie die Funktion des Persönlichen Mitarbeiters und darüber hinaus das Aufgabengebiet des Protokolls des Ministers.
Ihr Leistungsvermögen ist überdurchschnittlich hoch und ihre Leistungsbereitschaft vorbildlich. Sie ist außerordentlich zuverlässig, gewissenhaft und vertrauenswürdig.
Ihre Arbeit ist von großer Umsicht geprägt; sie arbeitet rationell und verfügt über eine gute Arbeitsorganisation.
Sie arbeitet ständig an der weiteren Erhöhung der Effektivität ihrer Arbeit und an der Rationalisierung der Arbeitsprozesse.
Ihre Zusammenarbeit mit den Leitern und Mitarbeitern der Strukturbereiche war konsequent und auf die jeweiligen Arbeitsschwerpunkte orientiert.
Kollegin Schmidt ist voll belastbar und in der Lage, ihre Aufgaben auch künftig durchzuführen.

(Unterschrift

DDR-Beurteilung

Hochschule für Ökonomie Bruno Leuschner Berlin

Sektion Leitung, Informationsverarbeitung und Statistik

Berlin, den 27. 9. 1979

Abschlussbeurteilung des Genossen Michael Wössner

Genosse Wössner hat im Jahre 1970 das Studium an der Hochschule für Ökonomie aufgenommen. Er hat 1974 als Diplomwirtschaftler mit der Diplomnote »ausgezeichnet« das Studium beendet. Seine gute fachliche und gesellschaftliche Arbeit im Verlaufe des Studiums führte dazu, dass er mit Beginn des Studienjahres 1974 als Forschungsstudent an der Sektion Leitung, Informationsverarbeitung und Statistik, Wissenschaftsbereich Operationsforschung, aufgenommen wurde.
Mit seiner Wahl zum FDJ-Sekretär der FDJ-Sektionsleitung wurde 1975 das Forschungsstudium in eine befristete Assistenz umgewandelt.
In seiner Funktion als FDJ-Sekretär (1975 bis 1977) leistete Genosse Wössner eine von hohem politischem Verantwortungsbewusstsein getragene gesellschaftliche Arbeit.
Während des Forschungsstudiums und auch in der befristeten Assistenz hat Genosse Wössner Lehraufgaben in den unterschiedlichsten Ausbildungsformen und Lehrgebieten übertragen bekommen. Diese ihm übertragene Aufgabe in Lehre und Erziehung erfüllte Genosse Wössner zur vollen Zufriedenheit. Durch seine gesellschaftlichen Funktionen hatte er besonders gute Kontakte zu den Studenten, die u. a. dazu beitrugen, dass er in Lehre und Erziehung in seinen Seminargruppen gute Ergebnisse aufweisen konnte.
Genosse Wössner hatte sich gut in das Bereichskollektiv eingefügt. Sein stets hilfsbereites und freundliches Wesen sicherte ihm einen geachteten Platz im Kollektiv. Er war immer bereit, bei zusätzlichen Aufgaben, wie Vertretungen erkrankter Kollegen, einzuspringen. In wissenschaftlichen und gesellschaftlichen Veranstaltungen trat er in der Diskussion mit durchdachten Beiträgen auf.
Er ist Mitglied eines »Kollektivs der sozialistischen Arbeit« und eines »Kollektivs der Deutsch-Sowjetischen Freundschaft« (Träger der Silbernen Ehrennadel).

(Unterschrift)

Abschlussbeurteilung

Der Jugendfreund Steffen Mischke, geboren am 20. Juni 1965, erlernte vom 1.9.1981 bis zum 15.7.1983 beim VEB Autobahnbaukombinat, Betrieb Brückenbau, den Beruf eines Zimmerers.
Steffen Mischke ist Abgänger der 10. Klasse der 49. POS in Dresden.
Im Verlauf der Ausbildung zeigte er sehr wechselhafte Leistungen. Er ließ phasenweise das nötige Berufsinteresse und eine fundierte persönliche Einstellung zur Berufsausbildung und zum weiteren Entwicklungsweg vermissen.
Bei der Erfüllung gesellschaftlicher Verpflichtungen muss er noch stärker um das ausgewogene Verhältnis von persönlichen und gesellschaftlichen Interessen ringen.
In seinem Auftreten ist er korrekt und sachlich. Im Lernaktiv nahm er einen festen Platz ein, hätte aber bedeutend wirksamer werden können und seine positiven Anlagen stärker entfalten müssen.
Im berufstheoretischen Unterricht fiel ihm das Lernen leicht. Er besitzt eine gute Auffassungsgabe und kann Zusammenhänge erkennen. Die erreichten schulischen Ergebnisse sind jedoch noch nicht sein Leistungsmaximum.
Gute bis befriedigende Leistungen erreichte er im berufspraktischen Unterricht. Er bemühte sich, selbständig gestellte Aufgaben qualitätsgerecht zu lösen. Mängel traten in Fragen der täglichen Arbeitseinstellung und Arbeitszeitausnutzung auf. Die handwerklichen Fähigkeiten und Fertigkeiten sind bei ihm noch entwicklungsfähig, er muss sein vorhandenes theoretisches Wissen effektiver umsetzen.
Im Facharbeiterkollektiv nahm er nach Startschwierigkeiten einen festen Platz ein und beteiligte sich am Brigadeleben.
Bei Gesprächen vertrat er offen einen eigenen Standpunkt und eine parteiliche Meinung.
Jugendfreund Mischke war im 1. Lehrjahr Kultur- und Sportobmann des Lernaktivs. Er ist Mitglied des FDGB, der FDJ und der GST.

(Unterschrift)
Direktion der Betriebsschule

Formulierungen zu Führung und Leistung im Arbeitszeugnis

Die Beurteilungskriterien

Regelmäßige Leistungsbeurteilungen

Viele Firmen werden durch einen Tarifvertrag zu einer regelmäßigen und systematischen Leistungsbeurteilung ihrer Mitarbeiter verpflichtet oder beurteilen freiwillig ihre Mitarbeiter, um diese über die Qualität ihrer Arbeit und darüber, wie ihre Person betrieblich eingeschätzt wird, zu informieren. Da der Zeitaufwand, um ein einwandfreies und aussagekräftiges Zeugnis zu erstellen, groß ist, sind einige Firmen inzwischen dazu übergegangen, die Leistungsbeurteilung mit dem Arbeitszeugnis zu verknüpfen. Der Arbeitgeber entwickelt zunächst zusammen mit dem Betriebsrat Beurteilungskriterien und -formulierungen, die in den Beurteilungsbogen eingefügt werden. Dieser dient später wiederum als Grundlage für die Ausstellung eines Arbeitszeugnisses. Die Beurteilung erfolgt dann durch Ankreuzen der jeweils zutreffenden Formulierung (siehe hierzu auch das Beispiel im Anhang). Vorteil:

... als Grundlage

- Die Beurteilung ist für den Arbeitnehmer nachvollziehbar und klar erkennbar;
- sie garantiert einheitliche Zeugnisse für das Unternehmen;
- die klaren Aussagen sind für spätere Zeugnisleser einfacher zu verstehen;
- die Zeugniserteilung wird für das Unternehmen rationeller, weil die einzelnen Bausteine im Computer oder in Textverarbeitungsanlagen gespeichert und bearbeitet werden können. Allerdings sollten diese Bausteine immer noch ergänzt werden, um den jeweiligen Mitarbeiter individuell zu erfassen und zu beurteilen.

Solche neuen Formen der Zeugniserstellung sind allerdings in der Praxis noch nicht weit verbreitet. Sie werden auch von vielen Personalfachleuten kritisiert.

Spezielle Kriterien

Dennoch sind manche Unternehmen inzwischen dazu übergegangen, spezielle Beurteilungskriterien für die verschiedenen Mitarbeitergruppen festzulegen, die zumindest zum Teil im Arbeitszeugnis gewürdigt werden.

Hier beispielhaft Beurteilungsmerkmale für einige Berufsgruppen:

- *Verkäuferin:*
  Kontaktfreudigkeit, Menschenkenntnis, Sicherheit, Umgangsformen, Selbstvertrauen, Sprache, Fachkenntnisse, Auffassungsga-

be, Konzentration, Aufmerksamkeit, Einfühlungsvermögen, Intelligenz, Initiative, Einsatzbereitschaft, Ausdauer, Zuverlässigkeit, Anpassung, Äußeres.

- *Führungskraft:*
  Führungsverhalten, Kreativität, Aktivität, Initiative, Wendigkeit, Aufgeschlossenheit, Sachkenntnis, Teamfähigkeit, Verantwortung, Zuverlässigkeit, Kontaktpflege, Fähigkeit zur Fortbildung, Ausdauer, Intelligenz, Mitarbeiterführung, Durchsetzungsvermögen, Ausdrucksfähigkeit, kritisches Denken, Belastbarkeit, Entscheidungsfreudigkeit, Kommunikationsfähigkeit, Kooperation mit anderen, Vorbildrolle, motivierendes Verhalten.
- *Buchhalter:*
  Sorgfalt, Ausdauer, Ordnung, Fachwissen, Verantwortungsbewusstsein, Zuverlässigkeit, Ehrlichkeit, Rechnen.
- *Außendienstmitarbeiter:*
  Kontaktfreudigkeit, Menschenkenntnis, Kommunikationsfähigkeit, Ehrlichkeit, Zuverlässigkeit, Ausdauer, Durchsetzungsvermögen, Initiative, Wendigkeit, Flexibilität, Optimismus, Äußeres.
- *Auszubildender als Bürokaufmann:*
  Interesse, Einsatzbereitschaft, Lernwilligkeit, Lernerfolg, Arbeitseinsatz, Aufgeschlossenheit, Teamfähigkeit, Selbstständigkeit, Sorgfalt, Zuverlässigkeit, Durchsetzungsvermögen.
- *Sekretärin:*
  Fachwissen, Initiative, Wendigkeit, Aufgeschlossenheit, Zuverlässigkeit, Selbstständigkeit, Vertrauen/Verantwortung, Auftreten und Verhalten, Zusammenarbeit/Kontaktpflege, Äußeres.

Zusammenfassende Leistungsbeurteilungen

Die Leistungsbeurteilung gehört neben der Aufgabenbeschreibung zu den wichtigsten Komponenten des Zeugnisses. Leider werden in den letzten Jahren aussagekräftige Informationen über Führung und Leistung immer spärlicher, während der Umfang der Tätigkeitsbeschreibung immer mehr zunimmt. (Besteht ein Arbeitszeugnis größtenteils aus der Tätigkeitsbeschreibung, während Leistung und Verhalten nur äußerst knapp beschrieben und beurteilt worden sind, kann damit auch eine sehr negative Beurteilung gewollt sein.) Oftmals verkümmern die Informationen über die Gesamtleistung des Arbeitnehmers zu einem einzigen zusammenfassenden Schlusssatz. In anderen (wünschenswerten) Zeugnissen sind Aussagen über die Tätigkeit, Führung und Leistung des Mitarbeiters ausführ-

Trend: Immer spärlicher

lich geschildert. Aber auch in diesen Zeugnissen ist meistens noch ein Resümee. Hier nun die zusammenfassenden Leistungsbeurteilungen und ihre Bedeutung:

Sehr gut
»Er hat die ihm übertragenen Arbeiten stets zu unserer vollsten Zufriedenheit erledigt.«
Die hervorragende Beurteilung des Mitarbeiters zeigt sich darin, dass der Mitarbeiter »stets«, also während der gesamten Dauer des Arbeitsverhältnisses, überdurchschnittlich gute Leistungen erbracht hat. Die »vollste Zufriedenheit« ist zwar grammatikalisch unsinnig, drückt für viele Arbeitgeber aber die beste Note aus (übrigens auch für das Bundesarbeitsgericht; vgl. »Aktuelle Gerichtsurteile« im Anhang, Stichwort: Zeugnissprache). Es gibt allerdings auch Arbeitgeber, die aus sprachlichen Gründen diese Wendung ablehnen und von der »vollen Zufriedenheit« sprechen. Dann muss aus den übrigen Zeugnisaussagen geschlossen werden, ob es sich um einen guten oder sogar um einen sehr guten Mitarbeiter handelt.

Immer hervorragend

Aber auch mit diesen Wendungen kann eine außergewöhnliche, sehr gute Leistung ausgedrückt werden:
»Wir waren mit seinen Leistungen stets außerordentlich zufrieden.«
»Seine Leistungen haben in jeder Hinsicht unsere volle Anerkennung gefunden.«
»Wir waren mit seinen Leistungen in jeder Hinsicht außerordentlich zufrieden.«
»Er hat unsere Erwartungen immer und in allerbester Weise erfüllt.«
»Seine Leistungen waren stets sehr gut.«
Solche Formulierungen können nur noch durch eine detaillierte, individuelle Leistungsbeschreibung gesteigert werden.

Gut
»Er hat die ihm übertragenen Arbeiten stets zu unserer vollen Zufriedenheit erledigt.«
Die volle Zufriedenheit signalisiert dem Leser, dass er einen überdurchschnittlich guten Mitarbeiter vor sich hat. Die zweitbeste Bewertung beinhalten auch noch die folgenden Formulierungen:

Überdurchschnittlich

»Wir waren mit seinen Leistungen immer sehr zufrieden/ stets voll zufrieden.«

»Wir waren während der gesamten Beschäftigungszeit mit seinen Leistungen voll und ganz zufrieden.«
»Seine Leistungen waren voll und ganz zufriedenstellend.«
»Er hat die ihm übertragenen Arbeiten stets zu unserer uneingeschränkten vollen Zufriedenheit erledigt.«
»Er hat unseren Erwartungen in jeder Hinsicht und bester Weise entsprochen.«
»Seine Leistungen waren gut.«
»Wir waren mit seinen Leistungen stets sehr zufrieden.«

Befriedigend
»Er hat die ihm übertragenen Arbeiten zu unserer vollen Zufriedenheit erledigt.« »Mit seinen Leistungen waren wir voll zufrieden.«

Durchschnittlich

Hier fehlt das Zeitmoment »stets«. Es weist darauf hin, dass man mit dem Mitarbeiter nicht während der ganzen Beschäftigungszeit »voll zufrieden« war, so dass es sich insgesamt nur um eine durchschnittliche Leistungsbeurteilung handelt. Diese kann auch dadurch ausgedrückt werden, dass man zwar auf das stets gleichgebliebene Leistungsniveau hinweist, dafür aber den Grad der Zufriedenheit eine Stufe niedriger ansetzt.
Ein die Zufriedenheit des Arbeitgebers näher bestimmendes Adjektiv fehlt hier:
»Er hat die ihm übertragenen Aufgaben stets zu unserer Zufriedenheit erledigt.«
»Mit seinen Leistungen waren wir stets zufrieden.«
»Seine Leistungen waren stets zufriedenstellend.«
»Er hat unseren Erwartungen in jeder Hinsicht entsprochen.«
»Wir waren mit seinen Leistungen sehr zufrieden.«

Ausreichend
»Er hat die ihm übertragenen Aufgaben zu unserer Zufriedenheit erledigt.«

Gerade noch ohne Beanstandungen

Hier fehlt das Zeitmoment »stets« ebenso wie auch eine nähere Umschreibung der »Zufriedenheit«. Mit diesem Satz wird deshalb eine unter dem Durchschnitt liegende, nurmehr ausreichende Arbeitsleistung umschrieben.
Die gleiche Bewertung meinen folgende Klauseln:
»Mit seinen Leistungen waren wir zufrieden.«
»Er hat zufriedenstellend gearbeitet.«
»Er hat unseren Erwartungen entsprochen.«

Mangelhaft
»Er hat die ihm übertragenen Aufgaben im Großen und Ganzen zu unserer Zufriedenheit erledigt.«
Hier fehlt der Zeitfaktor und der Zusatz zur näheren Umschreibung der Zufriedenheit. Außerdem wird die Zufriedenheit noch einmal durch den Zusatz »im Großen und Ganzen« eingeschränkt, so dass sich insgesamt nur eine mangelhafte Beurteilung der Arbeitsleistung ergibt.

»Unterm Strich«

Mangelhafte Leistungen werden auch dadurch kenntlich gemacht, indem die »Zufriedenheit« ganz fehlt:
»Er hat die ihm übertragenen Arbeiten mit großem Fleiß und Interesse durchgeführt.«
»Er zeigte für seine Arbeit Verständnis.«
»Er hat unsere Erwartungen größtenteils erfüllt.«
»Er hatte Gelegenheit, alle innerhalb der Abteilung zu erledigenden Arbeiten kennen zu lernen.«
Im Klartext: Der Mitarbeiter hatte zwar alle zu erledigenden Arbeiten kennen gelernt, ohne sie jedoch zufriedenstellend zu bewältigen.

Ungenügend
»Er hat sich bemüht die ihm übertragenen Arbeiten zu unserer Zufriedenheit zu erledigen.«
»Er hat sich bemüht den an ihn gestellten Arbeitsanforderungen gerecht zu werden.«
Die Wendung »sich bemüht« drückt das völlige Versagen des Arbeitnehmers aus. Ebenfalls ungenügende Leistungen bescheinigen folgende Formulierungen:

Absolut unbefriedigend

»Er hat nach Kräften versucht die Leistungen zu erbringen, die wir an diesem Arbeitsplatz fordern müssen.«
»Er zeigte für seine Arbeit Verständnis und Interesse.«
Fehlt in einem Arbeitszeugnis eine Aussage über die Leistungen ganz und wird dem Arbeitnehmer auch am Ende des Zeugnisses nicht für seine Leistungen gedankt, bedeutet dies ebenfalls eine mangelhafte oder gar ungenügende Leistung.

Besondere Leistungsbeurteilungen

Fachwissen

Sehr gut: ... beherrschte sein Arbeitsgebiet umfassend (hervorragend, vollkommen, fachlich souverän)
... besaß ein hervorragendes, jederzeit verfügbares Fachwissen

… fand sich in neuen Situationen sicher zurecht
… hatte oft gute Ideen
… fand stets sehr gute Lösungen
Gut: … verfügte über ein fundiertes Fachwissen und löste durch seine sichere Anwendung auch schwierige Aufgaben
… arbeitete sicher und selbstständig
… fand sich in neuen Situationen zurecht
… fand gute Lösungen
Befriedigend: … verfügte über das erforderliche Fachwissen und setzte es erfolgreich ein
… passte sich den jeweiligen Situationen an
… fand brauchbare Lösungen
Ausreichend: … zeigte das entsprechende Fachwissen
… beherrschte sein Arbeitsgebiet entsprechend den Anforderungen
… bewältigte neue Situationen nicht ohne Schwierigkeiten

Arbeitsbereitschaft
Sehr gut: … zeigte stets Initiative, großen Fleiß und Eifer
… identifizierte sich stets mit seiner Aufgabe und dem Unternehmen
Gut: … zeigte stets Initiative, Fleiß und Eifer
… führte alle Aufgaben mit großer Umsicht, großem Wissen und hohem Engagement aus
Befriedigend: … zeigte Initiative, Fleiß und Eifer
… führte seine Aufgaben mit Umsicht, Wissen und Engagement aus
Ausreichend: … zeigte bei entsprechendem Anstoß Fleiß und Eifer
… führte seine Aufgaben im Großen und Ganzen umsichtig und engagiert aus

Initiative/Aktivität
Sehr gut: … hatte immer ausgezeichnete Ideen und gab wertvolle Anregungen
… ergriff selbstständig alle erforderlichen Maßnahmen und führte sie entschlossen durch
Gut: … hatte oft gute Ideen, gab weiterführende Anregungen
… ging alle Aufgaben tatkräftig an und handelte selbstständig
Befriedigend: … gab gelegentlich eigene Anregungen
… übernahm die übertragenen Aufgaben und führte sie weitgehend selbstständig aus
Ausreichend: … bemühte sich Anregungen zu geben
… führte die ihm übertragenen Aufgaben unter Anleitung aus

Ausdauer/Belastbarkeit

Sehr gut: ... war ein stets ausdauernder und außergewöhnlich belastbarer Mitarbeiter

... bewältigte auch unter schwierigsten Arbeitsbedingungen alle Aufgaben

Gut: ... war ein ausdauernder und gut belastbarer Mitarbeiter

... war wechselnden Beanspruchungen gewachsen und hielt auch unter Termindruck durch

Befriedigend: ... war ein ausdauernder und belastbarer Mitarbeiter

... war den üblichen Beanspruchungen gewachsen

Ausreichend: ... zeigte Belastbarkeit

... war den üblichen Beanspruchungen größtenteils gewachsen

Wendigkeit/Aufgeschlossenheit

Sehr gut: ... war sehr umstellungsfähig und außerordentlich flexibel

... besaß eine schnelle Auffassungsgabe und war überaus aufgeschlossen gegenüber allem Neuen

Gut: ... war umstellungsfähig, wendig und vielseitig

... war gegenüber allem Neuen aufgeschlossen

Befriedigend: ... konnte sich, wenn nötig, umstellen

Ausreichend: ... bevorzugte eine gleichbleibende Tätigkeit

Arbeitsweise/Arbeitserfolg

Sehr gut: ... war äußerst einsatzfreudig

... arbeitete stets mit äußerster Sorgfalt und größter Genauigkeit

... zeichnete sich durch ein hohes Maß an Selbststsändigkeit aus und erzielte stets optimale Lösungen

... Die Qualität seiner Arbeit erfüllte stets höchste Ansprüche

Gut: ... erledigte seine Aufgaben mit großem Fleiß

... arbeitete stets mit Sorgfalt und Genauigkeit

... arbeitete sehr selbstständig nach klarer, eigener Planung und erzielte stets gute Lösungen

... Die Qualität seiner Arbeit erfüllte stets hohe Ansprüche

Befriedigend: ... war gründlich, fleißig und gewissenhaft

... arbeitete sorgfältig und genau

... arbeitete selbstständig nach eigener Planung und erzielte gute Lösungen

... Die Qualität seiner Arbeit erfüllte hohe Ansprüche

Ausreichend: ... zeigte im Allgemeinen zufriedenstellende Arbeitsqualität

... arbeitete im Allgemeinen sorgfältig und genau
... Die Qualität seiner Arbeit erfüllte stets unsere Ansprüche

Zuverlässigkeit, Vertrauen/Verantwortung
Sehr gut: ... war immer pflichtbewusst und stets zuverlässig
... war äußerst vertrauenswürdig und stets bereit volle Verantwortung zu übernehmen
Gut: ... war pflichtbewusst und zuverlässig
... war vertrauenswürdig und regelmäßig bereit, Verantwortung zu übernehmen
Befriedigend: ... war durchaus pflichtbewusst und zuverlässig
... war insgesamt vertrauenswürdig und übernahm ab und zu Verantwortung
Ausreichend: ... war meistens zuverlässig

Verhalten
Sehr gut: ... Sein Verhalten gegenüber Vorgesetzten und Kollegen war immer vorbildlich
... wurde wegen seines freundlichen Wesens und seiner kollegialen Haltung bei Vorgesetzten und Mitarbeitern sehr geschätzt
... war stets hilfsbereit
Gut: ... Sein Verhalten zu Vorgesetzten und Kollegen war vorbildlich
... wegen seines freundlichen Wesens und seines kollegialen Verhaltens schätzten ihn Vorgesetzte und Mitarbeiter gleichermaßen
... war hilfsbereit
Befriedigend: ... Sein Verhalten zu Vorgesetzten und Kollegen gab zu keinen Klagen Anlass
... Vorgesetzte und Mitarbeiter schätzten sein kollegiales Verhalten
Ausreichend: ... Sein persönliches Verhalten war insgesamt einwandfrei
... Die Zusammenarbeit mit Vorgesetzten und Mitarbeitern verlief meist reibungslos

Führungsverhalten
Sehr gut: ... war aufgrund seiner Führungsleistungen als Vorgesetzter voll anerkannt und allseits beliebt
... verstand es in allerbester Weise seine Mitarbeiter zu motivieren und zu leiten
Gut: ... war aufgrund seiner Führungsleistungen als Vorgesetzter anerkannt und beliebt

... verstand es seine Mitarbeiter zu motivieren und zu leiten
Befriedigend: ... wurde im Großen und Ganzen als Vorgesetzter geschätzt und anerkannt
... konnte als Vorgesetzter seine Mitarbeiter zufriedenstellend motivieren
Ausreichend: ... war ein nicht unbeliebter Vorgesetzter
... bemühte sich die Arbeit seiner Mitarbeiter zu koordinieren und klare Anweisungen zu geben.

Formulierungen zur Führungsleistung von Vorgesetzten

Zur Leistung einer Führungskraft gehört nicht nur die persönlich von ihr erbrachte, eigene Arbeit, sondern auch ihre Führungsleistung als Vorgesetzter. Diese muss nach *Führungsstil* und *Führungsergebnis* aufgeschlüsselt werden. Enthält das Arbeitszeugnis dagegen nur einen zusammenfassenden Satz, etwa »Mit seinen Führungsleistungen waren wir zufrieden«, ist das Arbeitszeugnis nicht vollständig und damit auch nicht rechtlich einwandfrei.

Vollständigkeit

Denn gerade der Führungsstil und das Führungsergebnis sind für den neuen Arbeitgeber von großer Bedeutung. Eine Führungskraft kann deshalb nicht vom Arbeitgeber verlangen, keinerlei Aussagen über seine Führungsleistungen im Arbeitszeugnis zu machen, wenn diese schlecht waren. Soweit sie ein qualifiziertes Arbeitszeugnis begehrt, muss sie sich auch negative Bewertungen gefallen lassen.

Führungsstil

In aussagekräftigen Zeugnissen finden sich Bemerkungen, ob die Führungskraft eher einen kooperativen oder einen autoritären Führungsstil pflegte. Ein autoritärer Führungsstil wird etwa folgendermaßen umschrieben:
»Er führte mit fester Hand.«
»Er führte straff demokratisch.«
»Er führte äußerst konsequent.«
»Er achtete darauf, dass seine Untergebenen ihre Arbeitskraft voll einsetzten.«
»Er bestand darauf, dass alles so durchgeführt wurde, wie er es angeordnet hatte.«

Führungsergebnis

Daneben ist das Führungsergebnis sehr wichtig, das heißt die Auswirkungen auf die Zufriedenheit der Mitarbeiter sowie die Auswirkungen auf die Mitarbeiterleistung. Fehlt eine Aussage über die Auswirkungen des Führungsverhaltens des Vorgesetzten, können zwar nicht sofort negative Schlüsse gezogen werden. Aber zumindest im Vorstellungsgespräch wird dann nachgehakt werden.

Formulierungsbeispiele zu den Auswirkungen auf die Mitarbeiter und das Betriebsergebnis:

Sehr gut:

»Er verstand es in allerbester Weise seine Mitarbeiter zu überzeugen und zu motivieren, sodass er alle ihm übertragenen Aufgaben mit großem Erfolg verwirklichen konnte.«

Gut:

»Er überzeugte seine Mitarbeiter und förderte die Zusammenarbeit. Er informierte sein Team, regte Weiterbildung an und delegierte Aufgaben und Verantwortung und erreichte so ein hohes Abteilungsergebnis.«

Befriedigend:

»Er führte seine Mitarbeiter zielbewusst zu überdurchschnittlichen Leistungen.«

Ausreichend:

»Er motivierte seine Mitarbeiter und erreichte so stets voll befriedigende Leistungen.«

Mangelhaft:

»Er war seinen Mitarbeitern jederzeit ein verständnisvoller Vorgesetzter.«

Ungenügend:

»Er koordinierte die Arbeit seiner Mitarbeiter und gab klare Anweisungen.«

Formulierungen zum Sozialverhalten

Unter Sozialverhalten versteht man das Verhalten eines Arbeitnehmers gegenüber seinen Vorgesetzten, Kollegen und Dritten, wie Kunden Lieferanten oder Geschäftspartnern.

War man mit dem Mitarbeiter zufrieden und hat man an seinem Sozialverhalten nichts auszusetzen, liest man häufig die Formulierung: »Sein Verhalten zu Vorgesetzten und Mitarbeitern war stets einwandfrei« [= sehr gut].

Reihenfolge beachten

Werden allerdings die Mitarbeiter vor dem Vorgesetzten genannt, ist Vorsicht geboten. Der Zeugnisaussteller, der die ungeschriebene Regel, erst den Vorgesetzten und dann die Mitarbeiter zu nennen, bricht, kann dafür seine guten Gründe haben. Fehlt gar völlig ein Hinweis auf die Vorgesetzten, muss der Zeugnisleser davon ausgehen, dass es zwischen dem Mitarbeiter und seinem Chef Schwierigkeiten gab – eine Schlussfolgerung, die einem Bewerber in aller Regel zum Nachteil gereichen dürfte.

Weitere Formulierungen zum Sozialverhalten:

»Notenskala« zum Sozialverhalten

Sehr gut:
»Er wurde wegen seines freundlichen Wesens und seiner kollegialen Haltung bei Vorgesetzten und Mitarbeitern sehr geschätzt.«
»Er war stets hilfsbereit.«
Gut:
»Sein Verhalten zu Vorgesetzten und Mitarbeitern war einwandfrei/vorbildlich.«
»Wegen seines freundlichen Wesens und seines kollegialen Verhaltens schätzten ihn Vorgesetzte und Mitarbeiter gleichermaßen.«
»Er war hilfsbereit.«
Befriedigend:
»Sein Verhalten gegenüber Mitarbeitern und Vorgesetzten war einwandfrei.«
»Seine Zusammenarbeit mit Vorgesetzten und Mitarbeitern war gut.«
»Vorgesetzte und Mitarbeiter schätzten sein kollegiales Verhalten.«
Ausreichend:
»Sein persönliches Verhalten war insgesamt einwandfrei.«
»Seine Zusammenarbeit mit Vorgesetzten und Mitarbeitern war stets befriedigend.«
»Sein Verhalten zu den Mitarbeitern [wohl nicht zu den Vorgesetzten] war vorbildlich.«
»Die Zusammenarbeit mit Vorgesetzten und Mitarbeitern verlief meist reibungslos.«
Mangelhaft:
»Er war stets um ein gutes Verhältnis zu Kollegen und Vorgesetzten bemüht.«
»Seine Zusammenarbeit mit Vorgesetzten und Mitarbeitern war insgesamt zufriedenstellend.«
»Sein Verhalten gegenüber den Vorgesetzten war insgesamt nicht zu beanstanden.«
Ungenügend:
Wie bei mangelhaft oder Leerstelle.

Formulierungen zur Schlussformel

Kein Zwang zum Dank

Weder aufgrund gesetzlicher Regelungen noch durch Gerichtsurteile kann bislang der Arbeitgeber dazu gezwungen werden dem Mitarbeiter für seine geleistete Arbeit zu danken, sein Ausscheiden zu bedauern oder ihm alles Gute für die Zukunft zu wünschen. Es gehört aber heute sozusagen zum guten Ton und Arbeitgeber legen bei einer Bewerbung sogar höchsten Wert auf die Formulierung dieser Schlussformel. Sie besteht aus vier Elementen:

Gliederungsprinzip

- Angaben zur Kündigungsinitiative,
- Dank für die geleistete Arbeit,
- Bedauern über das Ausscheiden,
- Gute Wünsche für die Zukunft.

Wie Mitarbeitern für die geleistete Arbeit gedankt, ihr Ausscheiden bedauert oder die guten Wünsche für die Zukunft ausgesprochen werden, ist für Zeugnisleser sehr aufschlussreich. Daran allein lässt sich schon ablesen, was der Arbeitgeber von diesem Mitarbeiter gehalten hat, ob er ihn ungern ziehen lässt oder ob er im Gegenteil froh ist, wenn der Arbeitnehmer die Firma so schnell wie möglich verlässt. Viele Personalfachleute lesen deshalb Zeugnisse prinzipiell von hinten nach vorne.

Faustregel: Bei einem außerordentlich guten Mitarbeiter werden alle Elemente der Schlussformel genannt: »Herr Müller verlässt uns auf eigenen Wunsch, um sich einer neuen Aufgabe in einer anderen Firma zu widmen. Wir bedauern sein Ausscheiden sehr, danken ihm für die bei uns geleistete Arbeit und wünschen ihm für die Zukunft alles Gute.«

Fehlende Zukunftswünsche

Fehlt dagegen eines dieser Elemente, mindert es den Wert des Zeugnisses. Besonders das Fehlen der Zukunftswünsche deutet auf eine tiefe Verstimmung zwischen Arbeitgeber und Mitarbeiter hin.

Angaben zur Kündigung

Besonders aufschlussreich sind die Angaben zur Kündigungsinitiative. So werden Personalleiter dann misstrauisch, wenn es etwa am Schluss des Arbeitszeugnisses heißt: »Das Arbeitsverhältnis dauerte von/bis«, denn im Klartext kann dies bedeuten, dass dem Arbeitnehmer wegen häufiger Fehlzeiten gekündigt wurde.

Die Formulierung »Das Arbeitsverhältnis endete am 30. 4. 1996« drückt eine Kündigung durch den Arbeitgeber aus.

Bei den Formulierungen »Wir haben uns von Herrn X einvernehmlich zum 30. 4. 1996 getrennt« oder »Wir haben uns von Herrn X zum 30. 4. 1996 in gegenseitigem Einvernehmen getrennt« oder »Das Ausscheiden erfolgte in beiderseitigem Einverständnis«, wird eine personen- oder verhaltensbedingte Kündigung durch den Arbeitgeber oder ein Aufhebungsvertrag auf Initiative des Arbeitgebers oder ein Prozessvergleich angedeutet. Möglich ist auch, dass dem Arbeitnehmer die Kündigung nahe gelegt wurde.

Eine wirklich einvernehmliche Trennung, zum Beispiel durch einen Aufhebungsvertrag, wird im Zeugnis so umschrieben: »Das Arbeitsverhältnis von Frau Y endete in bestem beiderseitigem Einvernehmen am 30. 4. 1996.«
Hat dagegen der Arbeitnehmer gekündigt, findet sich im Arbeitszeugnis meist die Formulierung: »Herr X verlässt unser Unternehmen auf eigenen Wunsch zum 30. 4. 1996.«
Einen guten Mitarbeiter, dessen Ausscheiden bedauert wird, verabschiedet man meist mit der Formulierung: »Sein Ausscheiden wird mit Bedauern zur Kenntnis genommen ...«

Bedauern

Einen hervorragenden Mitarbeiter, dessen Ausscheiden sehr bedauert wird, verabschiedet man mit den Worten: »Sein Ausscheiden wird mit besonderem Bedauern zur Kenntnis genommen ...«
Bittet ihn der Arbeitnehmer darum, kann der Arbeitgeber auch plausible Gründe für das Ausscheiden, wie zum Beispiel Heirat, Ende des Erziehungsurlaubs, Kindererziehung, Wohnortwechsel oder die Aufnahme eines Studiums angeben. Bei einer betriebsbedingten Kündigung ist es ebenfalls ratsam, im Arbeitszeugnis darauf hinzuweisen. Beispiel: »Wegen erheblicher Einsparungen mussten wir leider das Arbeitsverhältnis von Frau Y zum 31. 3. 1996 beenden.«

Verschlüsselungstechniken
Neben der Methode Leistung und Verhalten des Mitarbeiters nur in (abgestuft) lobenden Worten darzustellen gibt es noch eine Reihe weiterer Techniken, wie Informationen in Arbeitszeugnissen weitergeleitet werden. So gibt es die Möglichkeit, bewusst eine notwendige Aussage im Arbeitszeugnis einfach wegzulassen. Der aufmerksame Leser bemerkt das »beredte Schweigen« und zieht daraus seine (negativen) Schlüsse. So wird zum Beispiel bei einem Buchhalter oder einer Kassiererin ein Hinweis auf die Ehrlichkeit, Zuverlässigkeit und Diskretion erwartet. Bei Führungskräften und leitenden Angestellten in einer Vertrauensstellung wird ein Hinweis erwartet, dass sie jederzeit das Vertrauen des Unternehmens genossen. Bei einer Chefsekretärin sollte eine Aussage zur Selbstständigkeit getroffen werden.

Notwendiges fehlt

Man kann einen Mitarbeiter auch dadurch abwerten, dass man eine unwichtige oder weniger wichtige Aussage vor eine wichtige Aussage setzt. Beispiel: »Er war als Einkäufer für die Beschaffung von Büromaterial, Werkzeugen und Maschinen zuständig.« Auch wenn

»Entwertung«

die Beurteilung des Verhaltens vor der Beurteilung der Leistung rangiert, kann dies als Hinweis darauf gedeutet werden, dass der Mitarbeiter zwar sympathisch war, aber wenig Leistung zeigte.

Betonte Selbstverständlichkeiten

Eine andere Möglichkeit, den Mitarbeiter auf für ihn unauffällige Art abzuwerten, besteht darin, Unwichtiges oder Selbstverständliches an Stelle von Wichtigem hervorzustreichen. Beispiele: »Er gibt klare Anweisungen.« Oder: »Besonders hervorzuheben ist sein gepflegtes Äußeres und dass er seine Verkaufsunterlagen stets geordnet und griffbereit hat.«

Einschränkungen

Eine Abwertung kann auch darin zum Ausdruck kommen, dass die räumliche oder zeitliche Geltung von Aussagen eingeschränkt wird. Beispiel: »Er engagierte sich in unserem Fachverband und galt dort [aber nicht bei uns] als Fachmann.«

Mehrdeutigkeiten

Auf negative Vorkommnisse und Eigenschaften kann dadurch hingewiesen werden, dass sie mit mehrdeutigen Worten der Alltagssprache beschrieben werden: »Er hat alle Aufgaben mit der ihm eigenen [geringen] Sorgfalt erledigt.« Oder: »Er ist ein anspruchsvoller [gegenüber anderen] und kritischer [nörgelnder] Mitarbeiter.« Wird von einem Mitarbeiter im Zeugnis nur im Passiv gesprochen, kann dies zwar nur das schlechte Deutsch des Ausstellers dokumentieren. Genausogut kann dies aber Absicht sein. Der Aussteller will dann signalisieren, der Mitarbeiter sei eine unselbstständige Person ohne Engagement. Beispiele: »wurde eingestellt«, »wurde ihm übertragen«, »wurde versetzt«.

Verneintes Gegenteil

Eine andere Methode besteht darin, immer das Gegenteil zu verneinen oder abwertende Begriffe zu verneinen. Beispiel: »Er erzielte nicht unbedeutende [auch keine bedeutenden] Umsatzsteigerungen.« Oder: »Sein Verhalten war nicht zu beanstanden [auch nicht zu loben].«

Knappheit

Ein betont kurzes Zeugnis oder ironische Aussagen zu einzelnen Zeugniselementen deuten ebenfalls auf eine Geringschätzung des Mitarbeiters hin. Etwa wenn die Beurteilung der Führung und Leistung eines leitenden Angestellten nur aus zwei Sätzen besteht. Eine solch knappe Aussage kann der Arbeitnehmer aber wegen Unvollständigkeit reklamieren. Auch wenn das Arbeitszeugnis in sich widersprüchlich ist, wird dem Arbeitnehmer bei einer Bewerbung damit wenig Erfolg beschieden sein.

Checkliste

Codierte Formulierungen und ihre Bedeutung

- Er hat alle Arbeiten mit großem Fleiß und Interesse erledigt (Er war zwar eifrig, aber nicht besonders tüchtig).
- Er bemühte sich den Anforderungen gerecht zu werden (Er hat versagt).
- Er war immer mit Interesse bei der Sache (dito).
- Er hatte stets Verständnis für seine Arbeit (dito).
- Neue Aufgaben betrachtete er als Herausforderung, der er sich mutig stellte (dito).
- Er war stets bestrebt seinen Aufgaben gerecht zu werden (Er hat im Ergebnis aber nichts geleistet).
- Die Aufgaben, die wir ihm übertrugen (sonst keine), hat er zu unserer Zufriedenheit erledigt.
- Er setzte sich im Rahmen seiner Möglichkeiten ein (ungenügende Leistung).
- Mit seinen Leistungen waren wir insgesamt (aber nicht im Einzelnen) zufrieden.
- Er hat den Erwartungen entsprochen (Er hat durchgehend schlechte Leistungen gezeigt).
- Er zeigte sich den Belastungen gewachsen (Er ist mit den Belastungen nur in ausreichendem Maße zurechtgekommen).
- Er hatte Gelegenheit sich das notwendige Wissen anzueignen (Er hat die Gelegenheit allerdings nicht genutzt).
- Er war ein gutes Vorbild durch seine Pünktlichkeit (Er war für den Betrieb unbrauchbar).
- Er war seinen Mitarbeitern jederzeit ein verständnisvoller Vorgesetzter (Führung ohne Autorität und Durchsetzungskraft).
- Er verstand es stets seine Interessen in der Firma durchzusetzen (Ein unangenehmer und kompromissloser Mitarbeiter).
- Er koordinierte die Arbeit seiner Mitarbeiter und gab klare Anweisungen (Selbstverständlichkeiten, deshalb mangelhafte Beurteilung).
- Seine umfangreiche Bildung machte ihn stets zu einem gesuchten Gesprächspartner (Er war geschwätzig und führte lange Privatgespräche im Dienst).
- Sein Verhalten zu den Mitarbeitern war stets einwandfrei (Sein Verhalten zu den Vorgesetzten wohl nicht).
- Er hat alle Arbeiten ordnungsgemäß/pflichtbewusst erledigt (Er war ein Bürokrat ohne Eigeninitiative).

- Wir lernten ihn als umgänglichen/toleranten Kollegen kennen (Bei den Mitarbeitern wurde er als umgänglicher Kollege geschätzt, nicht aber beim Vorgesetzten).
- Er ist immer gut mit seinen Vorgesetzten ausgekommen (Er war ein unauffälliger Mitarbeiter ohne Durchsetzungsvermögen, eigene Meinung und Persönlichkeit).
- Er war sehr tüchtig und wusste sich gut zu verkaufen (Er war ein unangenehmer Zeitgenosse und Wichtigtuer).
- Er arbeitete mit größter Genauigkeit (Ihm fehlten Schnelligkeit und Flexibilität und er war pedantisch).
- Durch seine Geselligkeit trug er zur Verbesserung des Betriebsklimas bei (Er trank Alkohol im Dienst).
- Er trat innerhalb wie außerhalb unseres Unternehmens engagiert für die Interessen der Arbeitnehmer auf (Er hat im Betriebsrat mitgearbeitet).
- Gegenüber seinen Mitarbeitern bewies er immer umfassendes Verständnis (Der Arbeitnehmer ist homosexuell).
- Für die Belange der Belegschaft bewies er stets Einfühlungsvermögen (Er flirtete heftig und war ständig auf der Suche nach Sexualkontakten).
- Bei unseren Kunden war er schnell beliebt (Er machte schnell Zugeständnisse).
- Bei allen auftretenden Problemen war er stets kompromissbereit (Er war besonders nachgiebig).
- Unsere besten Wünsche begleiten ihn. Wir wünschen ihm für die Zukunft alles nur erdenklich Gute. Wir wünschen ihm alles Gute, vor allem Gesundheit (Schlussformeln, die ironisch gemeint sind).
- Für seine Mitarbeit bedanken wir uns (Nein danke).
- Wir wünschen ihm für den weiteren Weg in einem anderen Unternehmen (nicht bei uns) viel Erfolg.
- Wir wünschen ihm, dass er künftig (hatte er bislang nicht) auf seinem Berufs- und Lebensweg viel Erfolg haben wird.

Die Gefahr der Fehl- oder Überinterpretation

Keine voreiligen Schlussfolgerungen

Angesichts dieser zahlreichen Methoden verklausulierter Formulierungen ist die Gefahr einer Fehl- oder Überinterpretation von Arbeitszeugnissen nicht von der Hand zu weisen. Vor allem im Zusammenhang mit Leerstellen muss vor voreiligen negativen Schlussfolgerungen gewarnt werden. Manchmal ist eine Aussage schlicht vergessen worden. Vielen Arbeitgebern sind allenfalls die

Grundzüge der Zeugnissprache bekannt, nicht aber die vielen Feinheiten und Doppelsinnigkeiten. Andere Vorgesetzte, die vielleicht fachlich top sein mögen, tun sich schwer, einen Mitarbeiter richtig zu beurteilen. Häufig mag bei Zeugnisformulierungen auch eine Verärgerung des Vorgesetzten über das Ausscheiden des Mitarbeiters eine Rolle spielen. Das Zeugnis kann dann schlechter ausfallen, als es der Mitarbeiter verdient hat. Wieder andere Unternehmer weigern sich dem Mitarbeiter am Schluss des Zeugnisses noch einen gesonderten Dank auszusprechen, weil sie der Meinung sind dies schon bei der Beurteilung von Leistung und Führung getan zu haben. Viele glauben die Führungsleistungen eines leitenden Angestellten nicht lang und breit ausführen zu müssen, sondern in einem anerkennenden Schlusssatz ausreichend zu würdigen.

Kontext beachten

Wie schon an anderer Stelle gesagt kommt es bei der Interpretation eines Zeugnisses immer auf den Kontext und eine ganzheitliche Sicht an. Unklarheiten und missverständliche Formulierungen können auch noch im Vorstellungsgespräch geklärt werden. Dennoch, wer sich klar macht, welche unterschiedlichen sprachlichen Ausdrucksmöglichkeiten es gibt, wird ein Arbeitszeugnis mit anderen Augen lesen. Dazu sollen auch die im folgenden Kapitel aufgeführten Musterzeugnisse und ihre Analyse dienen.

Beispielzeugnisse und ihre Analyse

ZWISCHENZEUGNIS

Sachbearbeiter/ Projektabteilung

Herr Frank Petzold, geboren am 5. März 1956 in Augsburg, ist seit dem 1. Januar 1985 in der Abteilung Zentrale Planung und Projektierung des Auslandsvertriebes für öffentliche Vermittlungstechnik tätig.
Zu seinen Aufgaben gehört es, technische Stellungnahme zu Lastenheften für Angebote zu erstellen, technische Klärungen für interne und externe Belange vorzunehmen auch in Kontakt mit Entwicklungsstellen, Fernsprech-Ämter und -Netze zu dimensionieren sowie Wirtschaftlichkeitsrechnungen durchzuführen.
Herr Petzold verfügt über die Fähigkeit, technische Zusammenhänge rasch zu erfassen und in ihrer Komplexität dennoch vereinfachend mündlich als auch schriftlich darzustellen. Er ist laufend an seiner Weiterbildung interessiert und hat zielstrebig und mit großem Erfolg seine fachlichen und fremdsprachlichen Kenntnisse erweitert. Er führt alle an ihn übertragenen Aufgaben zu unserer vollsten Zufriedenheit aus. Er zeichnet sich auch durch Einsatzfreude und Belastbarkeit aus.
Die Führung des Herrn Petzold ist stets einwandfrei. Neben seinem Engagement bei der Durchführung seiner Arbeiten fällt auch sein guter fachlicher Informationsaustausch mit seinen Mitarbeitern und Vorgesetzten positiv auf, ebenso seine gute Eignung für Teamarbeit.
Dieses Zwischenzeugnis wurde erstellt, weil Herr Petzold in unser Auslandswerk nach Paris wechselt.

München, den 21. April 1997
(Unterschrift)

Analyse: Hier handelt es sich um ein gutes Zwischenzeugnis. Positiv ist zu vermerken, dass sich Herr Petzold erfolgreich weitergebildet hat. Dass er alle Aufgaben »zur vollsten Zufriedenheit« erledigt hat, bescheinigt ihm gute Leistungen (es fehlt das Wörtchen »stets«, das eine sehr gute Leistung ausdrückt). Positiv fällt in diesem Zeugnis auch auf, dass etwas zur Arbeitsweise (Engagement, Teamarbeit) und zur Mitarbeiterführung gesagt wird (guter fachlicher Informationsaustausch), was in vielen Führungskräftezeugnissen fehlt. Dass beim fachlichen Informationsaustausch die Mitarbeiter vor den

Vorgesetzten genannt werden, ist vermutlich nicht als Abwertung gemeint. Positiv ist auch zu vermerken, dass der Zeugnisschreiber den Grund für die Ausstellung des Zwischenzeugnisses genannt hat. Insgesamt ein gutes Zeugnis.

Sachbearbeiter/ Bereich Steuern

ZEUGNIS

Herr Manfred Erdmann, geboren am 2. März 1956, trat am 1. Januar 1989 in unsere Dienste und wurde in unserer Zentrale als Sachbearbeiter im Bereich Steuern eingesetzt. Dort war er schwerpunktmäßig auf lohnsteuerlichem Gebiet tätig.
Zu seinen Aufgaben gehörten:
- die Behandlung von Lohnsteuerfragen der XY-Bank München;
- die Koordinierung lohnsteuerlich gravierender Fragen und die Erstellung von lohnsteuerlichen Fachanweisungen für inländische und ausländische Niederlassungen und Tochtergesellschaften;
- die Koordinierung steuerlicher Fragen und die Erstellung von Steuererklärungen mit Überprüfung der Veranlagungen bei inländischen Töchtern außerhalb des Vertragskonzerns;
- die Teilnahme an Zwischen- und Schlussbesprechungen bei steuerlichen Betriebsprüfungen;
- die Überprüfung des Herstellungs- und Erhaltungsaufwandes aus steuerlicher Sicht bei den eigenen oder gemieteten Immobilien der Bank.

Darüber hinaus hat Herr Erdmann als Referent im Rahmen der Weiterbildung der Mitarbeiter unserer Niederlassungen und Filialen auf dem Gebiet der Einkommen-, Vermögen- und Erbschaftsteuer mitgewirkt.
Herr Erdmann zeigte das erforderliche Fachwissen, das er erfolgreich einsetzte. Er arbeitete selbstständig, fleißig und gewissenhaft. Herr Erdmann hat die ihm übertragenen Aufgaben zu unserer vollen Zufriedenheit erledigt.
Wir haben Herrn Erdmann als hilfsbereiten Mitarbeiter kennen gelernt. Sein Verhalten gegenüber Vorgesetzten und Kollegen war einwandfrei. Herr Erdmann verlässt unser Unternehmen im gegenseitigen Einvernehmen zum 31. Dezember 1997. Wir wünschen Herrn Erdmann für seine berufliche Zukunft viel Erfolg und persönlich alles Gute.

München, den 31. Dezember 1997
XY-Bank
(Unterschrift)

Analyse: Es fehlt der Geburtsort. Statt zu sagen »... wurde eingesetzt« und »zu seinen Aufgaben gehörte«, sollten dynamische Aussagen getroffen werden, wie »führte aus« oder »erledigte«. Ob etwas zu den Aufgaben gehört, sagt noch nichts darüber aus, ob und wie der Arbeitnehmer seine Arbeit ausführte. Das bloße Aufzählen von Anforderungen ohne eine Aussage zur Anforderungserfüllung ist ein Weg, um klarzumachen, dass ein Mitarbeiter die Anforderungen nicht erfüllt hat. Dass Herr Erdmann nur das erforderliche Fachwissen zeigte und selbstständig arbeitete, weist ihn als nur durchschnittlichen Mitarbeiter aus. Dies wird auch durch die zusammenfassende Formel »zu unserer vollen Zufriedenheit« bestätigt.
Sein Verhalten war nicht immer einwandfrei. Das lässt sich aus dem Fehlen des Wörtchens »stets« folgern. Die Schlussformel, dass Herr Erdmann das Unternehmen im gegenseitigen Einvernehmen verlässt, zeigt, dass ihm der Arbeitgeber gekündigt oder ihm die Kündigung nahe gelegt hat. Es fehlen auch das Bedauern über sein Ausscheiden und der Dank für die geleisteten Dienste. Insgesamt ein mittelmäßiges Zeugnis mit der Note befriedigend.

ZEUGNIS

Vertriebsleiterin

Frau Margit Lehmann, geboren am 3.5.1962 in Darmstadt, war in der Zeit vom 1.1.1990 bis zum 20.3.1997 als Vertriebsleiterin bei dem TV-Sender XY beschäftigt. Das zu betreuende Gebiet umfasste die Bundesrepublik Deutschland, Österreich und die Schweiz. In dieser Funktion war sie der Geschäftsführung direkt unterstellt.
Frau Lehmann nahm ihre Tätigkeit zur gleichen Zeit auf, in der auch das Unternehmen gegründet wurde. Somit unterstand ihr der gesamte Aufbau in Abstimmung mit der Geschäftsführung:
1. Erstellung einer Vertriebskonzeption
2. Erstellung sämtlicher organisatorischen Mittel für den Vertrieb
3. Aufbau einer Außendienstorganisation
4. Aufbau eines Kundenstamms
5. Konzeption und Durchführung eines Berichterstattungswesens mit dem Außendienst und der Geschäftsführung
6. In Zusammenarbeit mit der EDV Erstellung eines Programms zur Kundenbetreuung, Termin- und Auftragsüberwachung.
Zu ihren sonstigen Aufgabenbereichen außerhalb der Aufbauphase gehörten:

1. Erstellen von Umsatzprognosen in Zusammenarbeit mit der Geschäftsführung
2. Festlegen von Eckdaten und Inhalten durchzuführender Marktforschungsmaßnahmen
3. Zusammenarbeit mit dem Marketing, um die Konzepte entsprechend am Markt durchzusetzen
4. Kundenbesuche
5. Angebotserstellung und -verfolgung.

Frau Lehmann erfüllte die ihr übertragenen Aufgaben stets zu unserer vollen Zufriedenheit.
Das Arbeitsverhältnis mit Frau Lehmann endet mit dem 29. März 1996 im gegenseitigen Einvernehmen. Wir wünschen ihr für ihre weitere Zukunft alles Gute.

Hamburg, den 27. März 1997
(Unterschrift)
Geschäftsführer

Analyse: Dieses Zeugnis wurde fast auf die Tätigkeitsbeschreibung reduziert. Im Vergleich zu diesen Ausführungen fällt die Bewertung von Leistung und Verhalten von Frau Lehmann so knapp aus, dass von einer Trennung im Streit ausgegangen werden kann. Es wird weder etwas zu Arbeitseinsatz und Arbeitsbereitschaft noch zu Arbeitsweise und Arbeitsergebnis von Frau Lehmann gesagt. Die Formulierung »stets zu unserer vollen Zufriedenheit« drückt zwar normalerweise eine gute Bewertung aus. Betrachtet man aber den gesamten Zeugnisinhalt, muss eine schlechtere Benotung angenommen werden.
Dies folgt auch daraus, dass zum sozialen Verhalten von Frau Lehmann überhaupt nichts gesagt wird. Da dazu in jedem Zeugnis eine Bemerkung erwartet wird, drückt die bewusste Leerstelle aus, dass die Führung mangelhaft gewesen ist. Das Fehlen jeglicher Aussage zu diesem Punkt wird sich als kapitaler Stolperstein für jede weitere Bewerbung erweisen. Dass man sich im gegenseitigen Einvernehmen getrennt hat, deutet ebenfalls auf eine Kündigung durch den Arbeitgeber hin. Es wundert nicht, dass Dank und Bedauern fehlen. Ein weiterer Haken ist das krumme Austrittsdatum 20. 3. Es signalisiert recht eindeutig eine fristlose Kündigung durch den Arbeitgeber. Note: mangelhaft.

Fazit: Frau Lehmann ist anwaltliche Hilfe und eine Klage auf Berichtigung ihres Arbeitszeugnisses anzuraten. Andernfalls wird sie große Schwierigkeiten haben eine neue Stelle zu finden.

ZEUGNIS

Schadensbegutachter

Herr Dipl.-Ing. Hans Schwerdtner, geboren am 20. Oktober 1940, war in der Zeit vom 1. Januar 1981 bis 31. Dezember 1996 in unserem Unternehmen als Besichtiger beschäftigt.
Es erfolgte eine längere Einarbeitungszeit, in der Herr Schwerdtner sich mit der Materie der Besichtigung und Bearbeitung von Transportschäden vertraut machen konnte.
Außer den Schäden an Maschinen besichtigte Herr Schwerdtner auch Transportschäden an Gütern aller Art, insbesondere an verunfallten Lkw-Ladungen.
Er führte Be- und Entladekontrollen bei Containern, Lkw und Binnenschiffen durch und überprüfte Verpackungen, Verladearten und traf mit den Eigentümern der beschädigten Güter Maßnahmen zur Schadensminderung, erbrachte den Nachweis von Verkaufsmöglichkeiten sowie zur Aufarbeitung beziehungsweise Reparatur beschädigter Maschinen.
Im Rahmen dieser Tätigkeiten führte er die hierzu erforderlichen Verhandlungen mit den Geschädigten hinsichtlich der Ermittlung der Schadenshöhe.
Mit den Leistungen während seiner 15-jährigen Tätigkeit in unserer Firma waren wir zufrieden. Herr Schwerdtner ist ein anspruchsvoller und kritischer Mitarbeiter. Mit seiner Geselligkeit hat er sehr zur Verbesserung des Betriebsklimas beigetragen.
Sein Verhalten gegenüber Mitarbeitern und Vorgesetzten war einwandfrei.
Wir haben uns von Herrn Schwerdtner einvernehmlich zum 31. Dezember 1996 getrennt.
Für seine weitere berufliche Laufbahn wünschen wir ihm viel Erfolg.

(Unterschrift)

Analyse: Arbeitnehmer, die einen akademischen Grad besitzen, können verlangen, dass dieser ins Zeugnis aufgenommen wird. Hier handelt es sich um einen unterdurchschnittlichen Mitarbeiter. Die

Formulierung »wir haben uns einvernehmlich getrennt« deutet auf einen Aufhebungsvertrag auf Initiative des Arbeitgebers hin. Die Leistungsbeurteilung ist äußerst knapp ausgefallen. Dass man mit Herrn Schwerdtner zufrieden war, drückt eine ausreichende Beurteilung aus. Nähere Hinweise, wie Herr Schwerdtner gearbeitet hat und mit welchem Erfolg, fehlen. Der Hinweis, dass Herr Schwerdtner ein anspruchsvoller und kritischer Mitarbeiter war, bedeutet im Klartext, dass es sich um einen nörgelnden und besserwisserischen Mitarbeiter handelte. Schließlich deutet die Aussage, dass er sehr zur Verbesserung des Betriebsklimas beigetragen hat, darauf hin, dass Herr Schwerdtner dem Alkohol während seiner Dienstzeit zugesprochen hat.
Auch hinsichtlich seines Verhaltens gab es wohl Probleme, da es in Zeugnissen üblich ist, dass die Vorgesetzten vor den Mitarbeitern erwähnt werden. Damit kommt zum Ausdruck, dass Herr Schwerdtner wohl zu seinen Kollegen ein weitaus besseres Verhältnis hatte als zu seinen Vorgesetzten.
Die Schlussformel lässt ein Bedauern über das Ausscheiden und Dank für geleistete Dienste vermissen – sie hätte in diesem Zeugnis auch eher unglaubwürdig gewirkt. Ein weiterer Hinweis darauf, dass man diesem Mitarbeiter keine Träne nachweinen wird.
Fazit: Herr Schwerdtner wird – auch angesichts seines fortgeschrittenen Alters – nur schwer eine neue Stelle finden.

ZEUGNIS

Personalsachbearbeiter

Herr Joachim Meier, geboren am 5. Mai 1964 in Biberach/Riß, trat am 1. September 1995 als Ausbildungskraft in die Dienste unseres Hauses ein. Zur Vorbereitung auf einen späteren Einsatz im Personaleinstellungs- und -betreuungsbereich haben wir Herrn Meier zunächst für elf Monate in unsere Niederlassung Stuttgart delegiert. Gemäß seinem Ausbildungsplan wurde er anfänglich für zwei Monate in einer Zweigstelle eingesetzt. Ein dreimonatiger Durchlauf in der Ausbildungsabteilung schloss sich an. Danach absolvierte Herr Meier eine viermonatige Ausbildung in der Personalverwaltung. Schließlich wurde er zur weiteren Vertiefung und Abrundung seiner Kenntnisse mit der Bearbeitung von Krediten betraut. Dabei nahm er auch regelmäßig an Beratungsgesprächen teil.
Ab August 1996 setzte Herr Meier seine Ausbildung in unserer Filiale in Sindelfingen fort. Zu seinen Aufgaben gehörten die Mitwirkung bei Ein-

stellungsverhandlungen, die vorherige Sondierung von Bewerbungsunterlagen bei größeren Ausschreibungsaktionen, das Erstellen von Zeugnissen und Arbeitsbescheinigungen, die Teilnahme an Beratungsgesprächen und die Bearbeitung von Kreditwünschen unserer Mitarbeiter. Darüber hinaus erledigte er administrative Aufgaben, wie insbesondere die Aufbereitung und Votierung von Gehaltsänderungsvorschlägen.
Herr Meier war ein einsatzfreudiger und interessierter Mitarbeiter, der alle Ausbildungsmöglichkeiten nutzte. Die ihm übertragenen Aufgaben erledigte er überwiegend selbstständig, sorgfältig und termingerecht zu unserer Zufriedenheit.
Herr Meier war ein allgemein geschätzter Mitarbeiter, der sich aktiv in die Betriebsgemeinschaft einfügte. Sein Verhalten gegenüber Vorgesetzten war korrekt.
Wir bedanken uns und bedauern sein Ausscheiden zum 30. September 1996. Für die Zukunft wünschen wir ihm alles Gute und auch Erfolg.

Stuttgart, den 15. Januar 1997
(Unterschrift)

Analyse: Obwohl Herr Meier als einsatzfreudig und interessiert geschildert wird, reicht es doch nur zu einer ausreichenden Leistungsbeurteilung (»zu unserer Zufriedenheit«).
Eine Leistungseinschränkung könnte auch darin gesehen werden, dass Herr Meier nur »überwiegend selbstständig« gearbeitet hat. Die Einschränkung kann aber auch unbewusst vorgenommen worden sein, da die meisten Mitarbeiter Vorgesetzte haben, mit denen sie wichtige Entscheidungen und Maßnahmen abstimmen müssen. Besser ist es in einem solchen Fall entweder uneingeschränkt von »selbstständig« zu sprechen oder den Begriff ganz wegzulassen.
Das Verhalten von Herrn Meier (»allgemein geschätzter Mitarbeiter, der sich aktiv in die Betriebsgemeinschaft einfügte«) lässt den Schluss zu, dass er als Mitläufer und Betriebsnudel beurteilt wird. Genausogut könnte der Satz aber auch positiv vom Zeugnisaussteller gemeint gewesen sein. Es ist anzunehmen, dass eine Arbeitgeber-Kündigung vorliegt, da aus dem Zeugnis nicht hervorgeht, auf wessen Initiative das Arbeitsverhältnis gekündigt wurde. Der abschließende Dank des Arbeitgebers ist wohl eher ironisch zu verstehen (nein danke?), auch die Zukunftswünsche sind zweideutig formuliert. Die Formulierung »und auch Erfolg« kann so verstanden

werden, dass bisher Erfolg weitgehend fehlte. Insgesamt also ein Mitarbeiter, den man lieber von hinten als von vorne sieht.
Ein weiterer Haken: Das Ausstellungsdatum des Zeugnisses liegt viereinhalb Monate nach dem Vertragsende. Das lässt auf Auseinandersetzungen über das Zeugnis schließen. Arbeitnehmer sollten unbedingt darauf achten, dass in ihrem Zeugnis beide Daten übereinstimmen, wobei eine Differenz von wenigen Tagen natürlich keine Rolle spielt.

ZEUGNIS

Buchhalterin

Frau Anna Seifert, geboren am 20. September 1945, war in der Zeit vom 1. Januar 1990 bis 30. April 1997 in unserer Firma als Buchhalterin tätig.
Zu Beginn ihrer Tätigkeit waren größere Rückstände aufzuarbeiten, was ihr durch schnelle Auffassungsgabe und überdurchschnittlichen Einsatz in verhältnismäßig kurzer Zeit gelang.
Frau Seifert betreute die umfangreichen Debitoren und führte die Rückgliederung des Mahnwesens in die Buchhaltung durch. In diesem Zusammenhang waren langwierige Arbeiten erforderlich, um die Vorgänge zum Abschluss zu bringen. Dies geschah in Zusammenarbeit mit den Experten des Haupt- und der Zweigbüros und mit den betreuenden Rechtsanwälten.
Frau Seifert baute ein auf die Firma zugeschnittenes Informationssystem für die Geschäftsleitung auf, wodurch dieser wichtiges Material für die Vorbereitung von Entscheidungen zur Verfügung stand.
Frau Seifert arbeitete auf ihrem Gebiet weitgehend selbstständig und in voller Verantwortung. Ihr Verhalten gegenüber der Geschäftsführung und den Mitarbeitern war stets einwandfrei, sie gab uns zu Beanstandungen niemals Anlass. Sie ist eine wertvolle Mitarbeiterin und genoss das volle Vertrauen der Geschäftsleitung.
Besonders hervorzuheben ist ihr Geschick im Umgang mit Banken und Geschäftspartnern.
Wir trennen uns nur ungern von Frau Seifert, die unsere Firma auf eigenen Wunsch verlässt.
Wir wünschen Frau Seifert für ihre persönliche Zukunft und ihren weiteren beruflichen Werdegang alles Gute.

Köln, den 30. April 1997
(Unterschrift)

Analyse: Hier fehlt der Geburtsort und eventuell der Mädchenname. Es fehlt auch ein einzelner Satz, aus dem die eigentliche Gesamtbenotung hervorgeht. Es wird aber trotzdem aus dem Gesamtzusammenhang des Zeugnisses deutlich, dass eine gute Beurteilung vorgenommen wurde. Auch in diesem Zeugnis ist davon die Rede, dass Frau Seifert auf ihrem Gebiet »weitgehend selbstständig« gearbeitet hat. Wie schon zuvor erwähnt wäre es besser, den Grad der Selbstständigkeit nicht einzuschränken.
Der Satz »sie gab uns zu Beanstandungen niemals Anlass« irritiert. Der Arbeitgeber wollte offensichtlich Frau Seifert loben, das sollte er aber besser positiv ausdrücken.

ZEUGNIS

Referent für Aus- und Fortbildung

Herr Friedrich Arnold, geboren am 20. August 1956 in Düsseldorf, wurde ab 1. September 1982 nach Abschluss seines Studiums als Sachbearbeiter in der Ausbildungsabteilung eingesetzt. Er war zuständig für die Planung und Organisation sämtlicher Aus- und Fortbildungsmaßnahmen, für Fortbildungsmaßnahmen auf Regionalebene und für den Entwurf und die Herstellung von Lehr- und Lernmitteln. Außerdem war er als Referent bei Aus- und Fortbildungsveranstaltungen tätig. Bereits hier zeigte Herr Arnold, dass er außerordentlich lern- und leistungswillig ist. Er wurde deshalb auf eigenen Wunsch und zur Verbreiterung seiner Kenntnisse in die Kreditabteilung versetzt. Nach entsprechender Einarbeitung bearbeitete er teils auch schwierige Engagements und führte den damit verbundenen Schriftwechsel.
Ab Oktober 1986 war Herr Arnold aufgrund seiner fundierten Fachkenntnisse und im Zuge seiner beruflichen Förderung als Leiter des Referats Berufsausbildung tätig. Zu diesem Zeitpunkt wurde ihm Handlungsvollmacht erteilt, am 1. Januar 1990 Prokura.
Ab Juli 1995 leitete er für ein halbes Jahr zusätzlich zu seinem Aufgabengebiet kommisarisch das Referat Planung und Kontrolle.
Herr Arnold verfügt über breites betriebliches Wissen. Durch Überarbeitung sämtlicher Seminarbausteine der Berufsausbildung hat er seinen Wissensstand aktuell gehalten. Mit personalpolitischen Fragestellungen, wie Bewerberauswahl, Einstellungstests, Betreuung und Ausbildung, Zusammenarbeit mit dem Betriebsrat, Mitarbeit bei gesamtwirtschaftlichen und gesellschaftspolitischen Fragen in Arbeitskreisen und Kommissionen, des Verbandes ist er vertraut. Als fachkundiger Referent und Vertre-

ter unseres Hauses in sämtlichen Fragen der Berufsausbildung war er bei Banken und Verbänden akzeptiert und geschätzt. Mit seinen von Engagement und Effizienz geprägten überzeugenden Leistungen stellte er uns voll zufrieden. In seinem Referat schuf er ein produktives und anregendes Arbeitsklima, in dem sich auch anspruchsvolle Mitarbeiter wohlfühlten.
Seine Führung war jederzeit einwandfrei. Die Zusammenarbeit mit ihm verlief aufgrund seines sicheren Auftretens, seiner teamorientierten Arbeitsweise, seiner Zuverlässigkeit und Vertrauenswürdigkeit sehr angenehm.
Herr Arnold hat das Arbeitsverhältnis auf eigenen Wunsch zum 29. Februar 1996 gekündigt, um sich finanziell zu verbessern. Wir bedauern diesen Entschluss, danken ihm für die langjährige Mitarbeit und wünschen ihm für die Zukunft alles Gute.

Hamburg, den 29. Februar 1996
(Unterschrift)

Analyse: In diesem Arbeitszeugnis wird viel im Passiv formuliert: »wurde eingesetzt«, »wurde versetzt«. Schon die passive Formulierung von Einleitung und Aufgabenbeschreibung wird von vielen Personalfachleuten als Hinweis für fehlende Initiative und Engagement des Mitarbeiters gewertet. Dass Herr Arnold für ein bestimmtes Gebiet zuständig war, sagt noch nichts darüber aus, ob und wie er diese Pflichten erfüllt hat. Besser ist es, wenn schon die Aufgabenbeschreibung aktiv formuliert wird, zum Beispiel: »Herr Arnold leitete ...«, »übernahm«, »erledigte«.
Gut ist in diesem Zeugnis, dass begründet wird, warum Herr Arnold versetzt wurde. Um Missverständnisse zu vermeiden, sollten Versetzungen, sofern sie nicht klar als Beförderungen erkennbar sind, immer begründet werden.
Das Zeugnis enthält einen Schreibfehler. Das Wort »kommissarisch« ist nur mit einem »s« geschrieben worden. Grundsätzlich kann jeder Arbeitnehmer ein Zeugnis verlangen, das frei von Tipp-, Rechtschreib- oder Grammatikfehlern ist. Rechtschreibfehler in Zeugnissen von qualifizierten Arbeitnehmern werden zum Teil dahingehend ausgelegt, dass der Arbeitnehmer einer besonderen Mühe nicht wert war. Hier dürfte es sich aber eher um einen Flüchtigkeitsfehler handeln, der nicht beabsichtigt war.

Die Formulierungen »stellte er uns voll zufrieden« oder »sehr zufrieden« bedeuten ohne den Zeitfaktor »stets« oder »jederzeit« oder »immer« nur eine befriedigende Beurteilung.
Der Kündigungsgrund »um sich finanziell zu verbessern« wirkt negativ und ist deshalb nicht zulässig. Man kann diesen Passus dahingehend interpretieren, dass die Firma nicht bereit war, Herrn Arnold ein höheres Gehalt zu zahlen, um ihn in der Firma zu halten.

ZEUGNIS

Sekretärin

Frau Gertrud Waller, geboren am 30. Juli 1950 in Marburg, trat am 1. Januar 1988 als Sekretärin des Leiters Geld- und Devisengeschäft in unsere Dienste. Sie wurde mit allen zur Sekretariatsführung zählenden Aufgaben betraut. Darüber hinaus erledigte sie sowohl die Personalangelegenheiten als auch die im Verwaltungsbereich anfallenden Arbeiten des Geschäftsbereichs.
Am 1. Juli 1991 setzten wir Frau Waller aufgrund ihrer überdurchschnittlichen Leistungen als Sekretärin eines Vorstandsmitgliedes ein. Sie führte dort das Sekretariat und steuerte den Büroablauf eigenverantwortlich. Neben der bankgeschäftlichen Tätigkeit nahm sie auch die Aufgaben einer Privatsekretärin wahr.
Frau Waller hat sich als zuverlässige und absolut vertrauenswürdige Mitarbeiterin erwiesen, die ihre Aufgabe mit vorbildlichem Engagement und großem persönlichen Einsatz – auch über die normalen Dienststunden hinaus – erfüllte. Sie arbeitete sehr selbstständig und zeigte sich auch starken Belastungen gewachsen. Mit ihren Leistungen waren wir stets voll zufrieden.
Frau Waller trat höflich und natürlich auf und zeichnete sich durch geschickten Umgang mit Geschäftsfreunden und Kollegen aus. Dank ihres freundlichen und charmanten Wesens erfreute sie sich allgemein besonderer Beliebtheit. Ihre Führung war jederzeit einwandfrei.
Frau Waller hat das Arbeitsverhältnis auf eigenen Wunsch fristgerecht zum 30. September 1996 gekündigt, um ein Hochschulstudium aufzunehmen, nachdem sie im August 1996 ihr Abitur bestanden hat. Wir danken ihr für die gute Zusammenarbeit und wünschen ihr für die Zukunft alles Gute.

Düsseldorf, den 30. September 1996
(Unterschrift)

Analyse: Auch in diesem guten Zeugnis findet sich die Formulierung »wurde betraut«, die Unselbstständigkeit und mangelndes Engagement ausdrücken könnte. Diese Wertung wird allerdings durch die positiven Merkmale »überdurchschnittlich«, »eigenverantwortlich«, »absolut vertrauenswürdig«, »vorbildlich« wieder wettgemacht. Insgesamt ein gutes Zeugnis (»stets voll zufrieden«). In diesem Zeugnis ist eine Begründung für die Beendigung des Arbeitsverhältnisses (»um ein Hochschulstudium aufzunehmen«) angegeben worden, was eher unüblich ist. Es spricht aber nichts dagegen, auf Wunsch des Arbeitnehmers einen Grund für die Kündigung anzugeben. Vorteil: Spekulationen und Zweifel über die Hintergründe der Kündigung werden von vornherein ausgeräumt.

Abteilungsleiter/ Rechnungswesen

ZEUGNIS

Herr Arndt Meisinger, geboren am 23. April 1956 in Mannheim, ist am 1. Januar 1984 in unsere Niederlassung Mannheim eingetreten. Bevor er ab Juli 1985 mit der Leitung der Abteilung Kostenrechnung und Statistik betraut wurde, absolvierte Herr Meisinger ein Ausbildungsprogramm, das ihn zunächst durch verschiedene Abteilungen der Niederlassung Mannheim führte, um einen Überblick über die praktische Arbeit zu gewinnen. Im Anschluss daran wurde Herr Meisinger in der Abteilung Kostenrechnung und Statistik sowohl in unserer Niederlassung Essen als auch in der Zentrale in Düsseldorf gezielt auf die zu übernehmende Funktion vorbereitet.
Seine Aufgaben umfassten vorwiegend die termingerechte und ordnungsgemäße Durchführung der Kostenrechnung und Statistik im Rahmen der ergangenen Richtlinien und Weisungen. Außerdem wurde er auch zu Kommentierungen und Analysen im Rahmen eines internen Informationssystems herangezogen. Während dieser Zeit hat Herr Meisinger die angebotenen Seminare zur Beurteilung und Förderung der Mitarbeiter, die Seminare zur Menschenführung sowie das Referentenseminar besucht und damit die zur Leitung einer Abteilung notwendigen Führungseigenschaften und Kenntnisse vertieft. Ab Januar 1989 wurde ihm Handlungsvollmacht erteilt.
Aufgrund seiner überdurchschnittlichen Leistungen wurde Herr Meisinger Mitte 1990 auf die Übernahme einer verantwortungsvolleren Position in unserem Hause vorbereitet. Es war vorgesehen, dass Herr Meisinger die Leitung der Abteilung Rechnungswesen und Information

übernehmen sollte. Im Rahmen eines mehrjährigen Ausbildungsganges qualifizierte er sich zur Übernahme dieser Funktion. Er war unter anderem in der Finanzbuchhaltung einer inländischen Niederlassung tätig, um bei der Erstellung des Jahresabschlusses mitzuwirken, sowie in der Niederlassung New York, um das Rechnungswesen einer ausländischen Niederlassung kennenzulernen.
In dieser Zeit hat er die Abteilungskostenrechnung und die Spartenrechnung in New York eingeführt und hierüber den ihm gegebenen Spielraum bei der Lösung von Problemen voll genutzt. Er hat sowohl im Bereich Controlling an der Datengewinnung für das Informationssystem mitgewirkt und den zuständigen Referatsleiter zeitweilig vertreten als auch im Bereich Rechnungswesen Inland Sonderanalysen erstellt und an Neukonzeptionen gearbeitet. Aufgrund seines besonderen Interesses für EDV-orientierte Anwendungen der Kostenrechnung war es möglich, dass wichtige Verfahren und Auswertungen in relativ kurzer Zeit auf maschinelle Bearbeitung umgestellt werden konnten. In Anerkennung seiner Leistungen ernannten wir Herrn Meisinger am 1. Januar 1994 zum Prokuristen.
Aufgrund seiner sicheren Fachkenntnisse, seiner langjährigen Erfahrung sowie seines großen Interesses an neuen Aufgaben konnte Herrn Meisinger bei allen Tätigkeiten ein hohes Maß an Selbstständigkeit eingeräumt werden. Sein überdurchschnittliches Engagement sowie seine Fähigkeit, auch komplexe Sachverhalte in praxisgerechte Lösungen zu überführen, sind hervorzuheben. Er arbeitete jederzeit planvoll, zweckgerecht und mit Übersicht. Mit seinen Leistungen waren wir immer sehr zufrieden.
Neben seiner fachlichen Qualifikation zeichneten Herrn Meisinger seine stets freundliche, kollegiale und hilfsbereite Art aus sowie seine Bereitschaft, sein Wissen und Können vorbehaltlos auch anderen zu vermitteln. Seine dienstliche Führung war stets einwandfrei.
Herr Meisinger hat sein Dienstverhältnis zum heutigen Tag auf eigenen Wunsch fristgerecht gekündigt. Wir bedauern sein Ausscheiden und wünschen ihm für die Zukunft alles Gute.

Frankfurt/Main, den 30. April 1997
(Unterschrift)

Analyse: Hier liegt ein qualifiziertes Zeugnis eines leitenden Angestellten im oberen Management vor. Ein gutes Zeugnis (»immer sehr zufrieden«). Die Beschreibung des Aufstiegs von Herrn Meisinger

im Unternehmen ist chronologisch und in sich stimmig aufgebaut. Seine fachlich hohe Qualifikation und seine überdurchschnittlichen Leistungen und sein Führungsverhalten geben künftigen Zeugnislesern ein gutes Bild von der Person des Beurteilten und seinen Fähigkeiten. Besonders positiv zu vermerken ist auch, dass in diesem Zeugnis besondere Arbeitserfolge von Herrn Meisinger gewürdigt werden. Grundsätzlich sollten immer, wenn Verbesserungsvorschläge oder Projekte im Zeugnis aufgeführt werden, auch die erfolgreiche Umsetzung und Realisierung im Unternehmen erwähnt werden.
Auch wenn in der Schlussformel der Dank für die geleisteten Dienste fehlt, ist es ein gutes Zeugnis.

ZEUGNIS

Sekretärin

Frau Annegret Mutschler, geborene Meier, war in der Zeit vom 1. Januar 1968 bis 31. Dezember 1970 in unserem Düsseldorfer Büro als Sekretärin beschäftigt. In der Zeit von Januar 1972 bis Juli 1983 setzte Frau Mutschler in unserem Büro in Düsseldorf ihre Tätigkeit als Sekretärin fort, und zwar als freie Mitarbeiterin und Aushilfe; wann immer Engpässe durch Urlaube oder krankheitsbedingte Abwesenheit von Mitarbeiterinnen auftraten, stand sie uns zur Verfügung. Ab August 1983 war sie dann wieder als Vollzeitkraft in unserem Stuttgarter Büro als freiberufliche Sekretärin kontinuierlich tätig.
Ihr Aufgabengebiet umfasste folgende Tätigkeiten:
- Annahme von Aufträgen zur Besichtigung und Begutachtung von Havarieschäden,
- Koordinierung und Terminierung der Besichtigungs- und Besprechungstermine,
- selbstständige Bearbeitung von Schadensangelegenheiten einschließlich der Anweisung zur Auszahlung des Schadensersatzes und Abrechnung mit skandinavischen Versicherern,
- Führung von Treuhandkonten verschiedener Versicherer, Schreiben von Gutachten und Besichtigungsberichten nach Diktaphon, Erledigung der allgemeinen Korrespondenz nach Diktat, Stichworten und selbstständig,
- sonstige allgemeine Sekretariats- und Büroarbeiten.

Frau Mutschler hat stets alle ihr übertragenen Arbeiten zu unserer vollsten Zufriedenheit ausgeführt. Ihre Flexibilität und ihre gute Auffassungs-

gabe ermöglichten es ihr, sich sehr schnell in den weitreichenden Aufgabenbereich einzuarbeiten und zu einer wertvollen Mitarbeiterin zu werden. Ihre Zuverlässigkeit, Arbeitsfreude und ihr freundliches Verhalten gegenüber Vorgesetzten, Mitarbeitern, Auftraggebern und sonstigen Gesprächspartnern möchten wir besonders hervorheben.
Frau Muschler verlässt unser Unternehmen aus persönlichen Gründen auf eigenen Wunsch. Wir bedauern ihr Ausscheiden und wünschen ihr für die Zukunft alles Gute.

Düsseldorf, den 27. März 1997
(Unterschrift)

Analyse: Ein sehr gutes Zeugnis, das keinerlei Anlass zur Kritik bietet.

ZEUGNIS

Personalsachbearbeiterin

Frau Ingeborg Bergmann, geboren am 10. Februar 1960 in Gießen, war in der Zeit vom 1. Januar 1985 bis 30. Juni 1996 als Personalsachbearbeiterin in unserem Unternehmen eingestellt.
Ihr wurden folgende Aufgaben übertragen:
- Anlage der Mitarbeiterakten
- Krankenkassenanmeldungen
- Eingabe der DATEV-Bewegungsdaten auf PC
- Mitarbeit bei der Erstellung der Lohnabrechnung
- Ausfüllen diverser Bescheinigungen
- Rechnungsstellung und allgemeiner Schriftverkehr.

Während ihrer Anwesenheit erfüllte sie diese Aufgaben zur Zufriedenheit. Dabei arbeitete sie schnell und zügig.
Ihr Verhalten gegenüber Vorgesetzten war korrekt und loyal. Sie pflegte eine gute Zusammenarbeit mit ihren Kolleginnen und Kollegen.
Das Arbeitsverhältnis endet am heutigen Tage durch arbeitgeberseitige, betriebsbedingte, fristgemäße Kündigung aufgrund der teilweisen Verlegung der Verwaltung nach Regensburg.
Wir wünschen ihr für ihren weiteren Berufsweg alles Gute und viel Erfolg.

(Unterschrift)

Analyse: Frau Bergmann hat ein schlechtes Arbeitszeugnis kassiert. Das macht der Satz »Während ihrer Anwesenheit erfüllte sie diese Aufgaben zur Zufriedenheit« ganz deutlich. Offensichtlich war Frau Bergmann häufig krank, darauf deutet der Hinweis auf ihre Anwesenheit hin. »Zur Zufriedenheit« drückt nur eine ausreichende Beurteilung aus. Zur Arbeitsweise ist nur bemerkt, dass sie schnell und zügig arbeitete. Auch ihr Verhalten war nicht »stets« korrekt. Das Erwähnen auch der Kolleginnen findet sich gelegentlich in neueren Arbeitszeugnissen. Ob tatsächlich eine betriebsbedingte Kündigung vorliegt, darf bezweifelt werden. Da eine betriebsbedingte Kündigung auch immer eine arbeitgeberseitige Kündigung ist, hätte dies nicht noch gesondert erwähnt werden müssen; aber auch dies wirkt negativ. Note: ausreichend bis mangelhaft.

Produktionsleiter

ZEUGNIS

Herr Frank Pfeifer, geb. am 7. Juni 1951, war vom 1.3.1991 bis zum 31.3.1997 als Betriebsleiter in unserem Werk tätig. Am 1.8.1992 erhielt er Gesamtprokura.
Herr Pfeifer war der Geschäftsleitung direkt unterstellt und verantwortlich für die Fertigteile-Produktion. In dieser Funktion oblag ihm die Wahrnehmung aller mit der Produktion zusammenhängenden Aufgaben einschließlich Führung des technischen Personals. An den durchgeführten Investitionsmaßnahmen hat Herr Pfeifer sowohl in der Planung als auch in der Durchführung maßgeblich mitgearbeitet.
Herr Pfeifer ist mit Übersicht und gutem Einsatz für uns tätig gewesen, sein freundliches und ausgeglichenes Wesen war Grundlage für die gute Zusammenarbeit mit allen Kollegen und Vorgesetzten.
Herr Pfeifer verlässt unser Unternehmen im gegenseitigen Einvernehmen zum 31. März 1997. Wir wünschen ihm für die Zukunft alles Gute.

Ort, Januar 1997
Geschäftsleitung
(Unterschrift)

Analyse: Zunächst fällt das Zeugnis wegen seiner Kürze auf. Eine Führungskraft in dieser Position hat ein längeres Zeugnis verdient. Daraus lässt sich nur der Schluss ziehen, dass es sich bei Herrn

Pfeifer um einen Mitarbeiter handelt, auf dessen weitere Tätigkeit in der Firma man gerne verzichtet hat. Bestätigt wird diese Auslegung auch durch die Tatsache, dass eine zusammenfassende Leistungsbeurteilung, Dank und Bedauern fehlen. Dass er mit »Übersicht und gutem Einsatz« tätig war, drückt allenfalls eine mittelmäßige Beurteilung aus. Auffällig ist, dass bei der guten Zusammenarbeit die Kollegen vor den Vorgesetzten genannt werden. Offensichtlich war die Zusammenarbeit mit den Kollegen besser als mit den Vorgesetzten. Auffällig ist auch das frühe Ausstellungsdatum des Zeugnisses im Januar, obwohl das Arbeitsverhältnis bis zum 31. März dauerte. Daraus wird ersichtlich, dass Herr Pfeifer die letzten zwei bis drei Monate freigestellt war. Daraus und aus der Formulierung »im gegenseitigen Einvernehmen« zeigt sich deutlich, dass die Trennung in diesem Fall vom Arbeitgeber ausgegangen ist. Insgesamt ein unterdurchschnittliches Zeugnis, Note ausreichend.

ZEUGNIS

Leiter einer Technischen Abteilung

Herr Tasso von Sternberg, geboren am 20. Mai 1950, trat am 1.4.1984 als Leiter der technischen Abteilung inklusive der Hilfsbetriebe in unser Unternehmen ein. Anfang Dezember 1984 wurde Herrn von Sternberg Handlungsvollmacht erteilt.

Die Herrn von Sternberg übertragenen Aufgabengebiete umfassten die folgenden Schwerpunkte:

- Verantwortlich für die Durchführung der Instandhaltung und Montagen aller technischen Anlagen sowie
- die Planung von Umbauten, von Neuanlagen und Werkserweiterung in Abstimmung mit der technischen Leitung und anschließende Durchführung von Umbauten bzw. Erweiterungsmaßnahmen oder Neubauten,
- die Erstellung eines neuen Kesselhauses für die thermische Energieversorgung des Werkes im Jahre 1986/87,
- Erstellung der Budgets für die Instandhaltung sowie die ständige Kontrolle der Kosten.
- Er war Vorgesetzter des Betriebsingenieurs für Elektrik, des Betriebsingenieurs für Energie sowie des Betriebsingenieurs für die Endfertigung und der angeschlossenen Elektrowerkstatt und der Schlossereien. Neben den drei Ingenieuren unterstanden ihm sechs Meister und ca. 60 Facharbeiter.

- Er war der Gesprächspartner der staatlichen Aufsichtsbehörden wie Gewerbeaufsichtsamt, Berufsgenossenschaft u. a.
- Herr von Sternberg war als Strahlenschutzsachverständiger und Immissionsschutzbeauftragter tätig.
- Bei der Planung und Ausführung des neuen Werkes in den Jahren 1994/1995 war Herr von Sternberg wesentlich mitbeteiligt.

Herr von Sternberg verstand es, gegebene Situationen in einzelne Aspekte zu gliedern und das Wesentliche schnell zu erfassen. Auch unter wechselnen Belastungen führte er die vereinbarten Aufgaben durch, hielt Absprachen ein und strebte optimale Lösungen mit Erfolg an.
Herr von Sternberg hat seine Aufgaben stets zu unserer vollen Zufriedenheit erledigt. Sein Verhalten gegenüber Vorgesetzten, Kollegen und Mitarbeitern war untadelig.
Herr von Sternberg verlässt unser Unternehmen zum 31. 3. 1997 auf eigenen Wunsch. Für seinen weiteren Berufsweg wünschen wir ihm alles Gute.

Personalleitung
(Unterschrift)

Analyse: Positiv ist die Formulierung, dass Herr von Sternberg »das Wesentliche« schnell erfasst hat (der »Blick für das Wesentliche« drückt eine stark ausgeprägte Zielstrebigkeit aus). Leider befindet sich im nächsten Satz ein Rechtschreibfehler (»wechselnen«). Gerade bei einer Führungskraft kann ein solcher Fehler negativ ausgelegt werden. Dass Herr von Sternberg die vereinbarten Aufgaben durchführte und Absprachen einhielt, sind Selbstverständlichkeiten. Hier wird Unwichtiges anstelle von Wichtigem aufgeführt. Verstärkt wird diese schlechte Wertung durch den Halbsatz »Er strebte optimale Lösungen mit Erfolg an«. Das Wort »anstreben« drückt ebenso wie das Wort »bemühen« Erfolglosigkeit aus und sollte deshalb in einem guten Arbeitszeugnis immer vermieden werden. Besser wäre die Formulierung »realisierte er optimale Lösungen«.
Die Leistungsbeurteilung »hat seine Aufgaben stets zu unserer vollen Zufriedenheit erledigt« drückt zwar eine gute Beurteilung aus, in Verbindung mit dem vorherigen Satz wird aber allenfalls eine durchschnittliche, wenn nicht gar unterdurchschnittliche Leistung attestiert.

Dass sein Verhalten »untadelig« war, irritiert erneut. Besser ist es, das Verhalten, soweit es positiv war, auch positiv auszudrücken, also von einem einwandfreien oder vorbildlichen Verhalten zu sprechen. Schließlich fehlen auch Dank und Bedauern über das Ausscheiden.

ZEUGNIS

Abteilungsleiter/ Technische Planung

Herr Udo Hausner, geboren am 3. Juni 1952, ist am 1.1.1996 als Leiter der Abteilung technische Planung in unser Unternehmen eingetreten. Herr Hausner berichtete direkt an den Vorstand Technik. Zur Abwicklung des umfangreichen Aufgabengebietes unterstanden Herrn Hausner fachlich und disziplinarisch 33 Mitarbeiter.
Seine Aufgaben umfassten im Wesentlichen:

- Auf- und Ausbau des Bereiches technische Planung zu einem Instrument für die Optimierung von Durchlaufzeiten, Produktivität und Kosten in der Produktion,
- Integration der Abteilung Fabrikplanung in die technische Planung und verantwortliche Umsetzung der Produktionsumstrukturierung.

Durch intensive Zusammenarbeit mit der Abteilung Forschung und Entwicklung bei den Themen Beseitigung von Nacharbeit und Aufbau eines Simultaneous Engineering konnten schon kurzfristig sehr gute Ergebnisse erzielt werden, ebenso im Rahmen der mit der Abteilung Logistik koordinierten Lieferantenauswahl zur Fertigungstiefenoptimierung.
Zusammen mit der Qualitätssicherung hat Herr Hausner die Einführung von Selbstprüfern in der Produktion präferiert, um damit wesentliche Verbesserungen der Qualitätssituation zu realisieren.
Die übernommene Projektleitung bei der Entwicklung einer fertigungsgerechten Stückliste ist unseren Erwartungen gerecht geworden.
Die von Herrn Hausner geleitete Besuchsdelegation, bestehend aus Leitern und Mitarbeitern der Abteilungen Forschung und Entwicklung, technische Planung und Produktion, hat ebenfalls wesentliche Impulse in unserer Organisation gesetzt.
Herr Hausner hat seinen Bereich innerhalb eines halben Jahres zu einem äußerst effizienten Instrument des Unternehmens entwickelt. Er hat sich durch seinen hohen persönlichen Einsatz und durch seine gewissenhafte und stark strukturierte Arbeitsweise sowie sich daraus ergebende positive Ergebnisse ausgezeichnet. Die unternehmerisch ausgerichtete Denkweise ist trotz steter Kompromissbereitschaft immer eingehalten worden.

Durch sein ziel- und ergebnisorientiertes sowie stets konstruktives Handeln gegenüber seinen Mitarbeitern hat er in kürzester Zeit die Motivierung durch Überzeugung realisiert und wurde sowohl intern wie extern als anerkannter Gesprächs- und Verhandlungspartner akzeptiert.
Seine Kontakte zur Arbeitnehmervertretung gestaltete Herr Hausner stets sachlich und vertrauensvoll.
Mit dem Wechsel des Vorstandsvorsitzenden wurde eine von dem beschlossenen Entwicklungskonzept abweichende Aufgabenstruktur präferiert, die die Position des Leiters Technische Planung nicht mehr enthielt.
Entsprechend der neuen Struktur wurde das Arbeitsverhältnis mit Herrn Hausner im gegenseitigen Einvernehmen zum 31.12.1996 beendet.
Wir bedauern diese Entwicklung und wünschen Herrn Hausner für seinen weiteren beruflichen und persönlichen Lebensweg viel Erfolg.

Aktiengesellschaft
(Unterschrift)
ppa.

Analyse: Es handelt sich hier um das Zeugnis einer Führungskraft. Auffällig ist zunächst die kurze Verweildauer von einem Jahr. Die Beendigung wird zwar mit einer betrieblichen Umstrukturierungsmaßnahme begründet. Es ist aber anzunehmen, dass man Herrn Hausner die Kündigung nahe gelegt hat, weil man mit seinen Leistungen nicht zufrieden war.
Dafür sprechen folgende Formulierungen:
»Herr Hausner präferierte die Einführung von Selbstprüfern, um Verbesserungen der Qualitätssituation zu realisieren.« War dies nur das Ziel oder hat er es wirklich erreicht?
»Die übernommene Projektleitung ist unseren Erwartungen gerecht geworden« signalisiert dem aufmerksamen Leser, dass Herr Hausner unterdurchschnittliche Leistungen (Note ausreichend) erbracht hat (dagegen Note sehr gut: »Hat unsere Erwartungen immer und in allerbester Weise erfüllt«; Note gut: »Hat unsere Erwartungen in bester Weise erfüllt«; Note befriedigend: »Hat unseren Erwartungen in jeder Hinsicht entsprochen«; Note mangelhaft: »Hat unsere Erwartungen größtenteils erfüllt«).
Ein »dicker Hund« liegt im Satz über das Führungsverhalten Hausners begraben: »Die unternehmerisch ausgerichtete Denkweise ist trotz steter Kompromissbereitschaft immer eingehalten worden.«

Im Klartext: Die stete Kompromissbereitschaft weist auf Führungsschwäche, einen durchsetzungsschwachen und besonders nachgiebigen Mitarbeiter hin.
»Durch sein stets konstruktives Handeln gegenüber seinen Mitarbeitern … hat er die Motivierung durch Überzeugung realisiert« sind schwammige und äußerst vage Formulierungen, die nur den Schluss auf eine ausreichende Bewertung zulassen.
Ein zweites Alarmzeichen ist in der Beurteilung des Verhaltens von Herrn Hausner zu sehen. Hervorgehoben sind hier nur die Kontakte zur Arbeitnehmervertretung, Aussagen zum Verhalten gegenüber den Vorgesetzten und Mitarbeitern fehlen ganz. Es liegt auf der Hand, dass es Reibereien gab, die schließlich zur Kündigung geführt haben. Den Vorgesetzten haben wohl auch die ausgiebigen Kontakte zum Betriebs- oder Personalrat nicht gefallen.
Betriebsbedingte Kündigungsgründe sind in diesem Zeugnis wahrscheinlich nur vorgeschoben. Dass eine Kündigung durch den Arbeitgeber vorliegt, ist daraus ersichtlich, dass das Arbeitsverhältnis im gegenseitigen Einvernehmen beendet wurde und nur die Entwicklung, die zur Streichung der Stelle und damit zur Entlassung Hausners führte, bedauert wird, nicht aber das Ausscheiden von Herrn Hausner. Ein Wort des Dankes kann bei einem solchen miserablen Zeugnis natürlich nicht erwartet werden.

3. Ein Zeugnis selbst formulieren

Die Mitwirkung des Arbeitnehmers an seinem Zeugnis

Es ist zwar nach dem Gesetz die Aufgabe des Arbeitgebers oder seines Vertreters, das Arbeitszeugnis zu formulieren. Von 390 im Herbst 1992 befragten Unternehmen gaben fast drei Viertel an, dass es vorkommt, dass leitende Mitarbeiter an der Formulierung ihres Arbeitszeugnisses beteiligt werden. Auch in kleineren Firmen, in denen es keine Personalabteilung gibt, wird mancher Arbeitnehmer von seinem Vorgesetzten gebeten, selbst sein Zeugnis zu schreiben. Es handelt sich zwar dann um ein rechtlich einwandfreies Zeugnis, wenn es der Arbeitgeber, vielleicht ohne dabei im Geringsten mitgewirkt zu haben, unterschreibt.

Problem: Zeugnissprache

Auf diese Weise können sich aber fatale Fehler einschleichen, weil sich nur wenige Arbeitnehmer in der Zeugnissprache perfekt auskennen dürften. Wer sich andererseits damit ausführlich beschäftigt hat, kann sich so ein Zeugnis seinen Wünschen entsprechend formulieren. In einem solchen Fall ist es dennoch ratsam, einen Spezialisten zu bitten, noch einmal einen Blick auf das selbst formulierte Zeugnis zu werfen. Eine andere Möglichkeit ist es, mit seinem Vorgesetzten, sofern man ein gutes Verhältnis zu ihm hat, zu besprechen, dass man ihm einen selbst formulierten *Zeugnisvorschlag* vorlegt, der vom Vorgesetzten dann noch abgeändert werden kann – auch zugunsten des Arbeitnehmers. Darauf wird sich mancher überlastete Vorgesetzte oder Personalleiter gerne einlassen.

Einen Anspruch darauf, das Zeugnis selber formulieren zu dürfen, hat man selbstverständlich nicht. Normalerweise wird das Zeugnis deshalb von der Personalabteilung erstellt. Es zeugt vom guten Stil des Unternehmens, wenn der Zeugnisentwurf vorher mit dem Mitarbeiter besprochen wird, anstatt dem Mitarbeiter das Zeugnis einfach zuzuschicken oder wortlos zu überreichen. Das verhindert spätere Enttäuschungen, Missverständnisse und Auseinandersetzungen. Dies wird der Vorgesetzte des beurteilten Mitarbeiters

Zeugnisentwurf

übernehmen. Der Mitarbeiter kann dann besonders hinsichtlich der Beschreibung seiner Tätigkeit noch Wünsche äußern oder Verbesserungsvorschläge machen. Bei der Beurteilung seiner Leistungen und seines Verhaltens steht ihm dagegen kein Mitspracherecht zu. Der Vorgesetzte sollte hier mit viel Feingefühl und Takt dem Mitarbeiter die Beurteilung erläutern. Ein Vorteil dieser Vorgehensweise ist auch, dass das Unternehmen dem Mitarbeiter über Inhalt und Beurteilung Rechenschaft schuldig ist und sich der entsprechende Sachbearbeiter deshalb umso größere Mühe bei der Abfassung des Zeugnisses geben wird.

Viele Unternehmen lassen es sich zwar nicht nehmen, die Leistungen und Arbeitsergebnisse des Mitarbeiters im Zeugnis selbst zu würdigen. Sie bitten aber den Mitarbeiter, zumindest die ausgeführten Tätigkeiten selbst zu beschreiben.

Veraltete Stellenbeschreibungen

Da es vorkommt, dass bei der Zeugniserstellung auf alte Stellenbeschreibungen zurückgegriffen wird, die dem aktuellen Stand der Tätigkeiten des Arbeitnehmers nicht mehr entsprechen, sollte der Arbeitnehmer bei der Beschreibung seines Arbeitsplatzes unbedingt aktiv mitwirken. Auch langjährige Mitarbeiter sollten bei der Erstellung ihres Arbeitszeugnisses hinzugezogen werden.

Der Grund: Erst Anfang der siebziger Jahre sind viele Unternehmen dazu übergegangen, ihre Mitarbeiter regelmäßig zu beurteilen, vor allem bei einem Wechsel des Vorgesetzten. Da in den fünfziger und sechziger Jahren keine solche Dokumentation stattfand, kann es sehr schwierig sein, einen damals schon beschäftigten Mitarbeiter zu beurteilen.

Quellen für die Formulierung des Zeugnisses

Das Unternehmen sollte zunächst darauf achten, dass es Zeugnisse grundsätzlich immer von derselben Person oder in der Personalabteilung schreiben lässt, am besten im Zusammenwirken von Personalabteilung und Vorgesetztem. Nur dies gewährleistet einheitliche und damit gerechte Zeugnisse.

Das kann bei einem größeren Unternehmen die jeweilige Personalabteilung sein, bei kleineren Betrieben ein Personalsachbearbeiter, der Inhaber selbst oder seine Sekretärin.

Der unmittelbare Vorgesetzte sollte das Zeugnis nicht formulieren, weil ihm häufig die dafür notwendige Erfahrung fehlt.

Wie muss nun bei der Abfassung eines Zeugnisses vorgegangen werden? Zunächst sucht sich der Mitarbeiter der Personalabteilung die persönlichen Daten des Arbeitnehmers, also Namen, eventuelle Titel, Geburtstag und Geburtsort und die Daten, wie lange der Arbeitnehmer in dem Unternehmen tätig war sowie die Art seiner Beschäftigung aus der Personalakte. Er informiert sich auch über den Grund des Ausscheidens.

Persönliche Daten

Für die genaue Beschreibung der Tätigkeit kann der Personalsachbearbeiter auf mehrere Quellen zurückgreifen:

Beschreibung der Tätigkeit

- Er wird die Stellenbeschreibung zu Hilfe nehmen. Allerdings wird diese nur selten fortgeschrieben, sodass wichtige Änderungen der Tätigkeit fehlen. Eine elektronische »Stellenplan-Datei«, in der die Tätigkeitsbeschreibungen für die gesamte Dauer der Beschäftigung im Unternehmen gespeichert sind, gibt es bislang nur in wenigen Unternehmen.
- Er wird daher neben der Stellenbeschreibung auch auf die Personalakte zurückgreifen. Dort sind aktuelle Zwischenzeugnisse, Abmahnungen oder betriebliche Beurteilungen abgelegt. Die Personalakte gibt auch über Tätigkeiten in früheren Beschäftigungsverhältnissen Auskunft.
- Er wird den Vorgesetzten, der den Mitarbeiter von der täglichen Arbeit am besten kennt, über die genaue Tätigkeit des Arbeitnehmers und eventuelle Abweichungen von der Stellenbeschreibung befragen.
- Der Mitarbeiter wird ebenfalls darüber befragt, ob er bestimmte Tätigkeiten im Zeugnis besonders hervorgehoben haben möchte, weil sie für eine spätere Berufstätigkeit für ihn von Interesse sein könnten.
- Der Vorgesetzte wird auch konsultiert, soweit es um das Verhalten des Mitarbeiters geht. Er gibt auch Hinweise für die das Arbeitszeugnis abschließende Dankes- und Grußformel.

Der Vorgesetzte führt das Gespräch mit dem Mitarbeiter über den Zeugnisentwurf und gibt diesen an die Personalabteilung zurück. Diese schreibt und formuliert dann das Zeugnis mit Hilfe der gesammelten Informationen.

Endgültige Fassung

Die Gliederung des Zeugnisses

Bevor der Personalsachbearbeiter das Zeugnis formuliert, wird er sich eine klare Gliederung zurechtlegen. Aussagekräftige Zeugnisse zeichnen sich dadurch aus, dass sie klar strukturiert sind. Diese Punkte sollten beachtet werden:

- Personalien des Arbeitnehmers;
- Dauer der Beschäftigung im Unternehmen mit genauem Datum;
- Funktionsbezeichnung und Tätigkeitsbeschreibung, die genau angibt, welche Aufgaben der Arbeitnehmer im Unternehmen wahrgenommen hat. Handelte es sich um verschiedene Tätigkeiten, sind diese in chronologischer Reihenfolge anzugeben;
- Befugnisse, zugeordnete Mitarbeiter;
- Fortbildungsveranstaltungen, die der Mitarbeiter besucht hat;
- Beschreibung der Leistungen des Mitarbeiters, wie zum Beispiel sein fachliches Können, Quantität und Qualität der Arbeitsergebnisse, Aktivität, Identifikation, Kreativität;
- Bewertung des Verhaltens gegenüber Vorgesetzten, Mitarbeitern und Dritten;
- Schlussfloskel: Grund des Ausscheidens, Dank für die geleistete Mitarbeit und gute Wünsche für die Zukunft;
- Firma, Unterschrift, Datum.

Die Gestaltung des Zeugnisses

Wichtig: der Stil

So wichtig es ist, dass die Fakten in einem Arbeitszeugnis stimmen, so wichtig ist auch der Stil, in dem das Zeugnis abgefasst wird. Der Zeugnisaussteller, meist also ein Mitarbeiter der Personalabteilung, muss sich bemühen, das Zeugnis in klaren, unmissverständlichen Worten zu schreiben. Schließlich kann sich ein gutes oder schlechtes Arbeitszeugnis schicksalhaft auf den beruflichen Werdegang des jeweiligen Arbeitnehmers auswirken. Grund genug also für den Zeugnisaussteller, sich bei der Abfassung des Zeugnisses alle erdenkliche Mühe zu geben. Voraussetzung dafür sind profunde Kenntnisse der Zeugnissprache, ein gutes sprachliches Ausdrucksvermögen und ein breiter Wortschatz. Der Zeugnisaussteller sollte daran denken, dass der spätere Leser über das von ihm ausgestellte Arbeitszeugnis Rückschlüsse auf den Aussteller und das Unternehmen ziehen wird. Mit aussagekräftigen Arbeitszeugnissen kann das

Unternehmen kostenlos für sich werben, sie sind sozusagen ein Ausweis für die Qualität der betrieblichen Personalarbeit.

Visitenkarte der Personalabteilung

Hier einige stilistische Hinweise, die bei der Formulierung eines Arbeitszeugnisses beachtet werden sollten:

- Auf Amtsdeutsch sollte der Zeugnisaussteller ebenso verzichten wie auf lange Schachtelsätze oder substantivische Verben. Statt dessen sollte man lieber versuchen, möglichst viele Verben und Adjektive zu benutzen. Einen guten oder ausgezeichneten Mitarbeiter erkennt der Zeugnisleser oft an den zahlreichen positiven Adjektiven im Zeugnis.
- Häufige Wortwiederholungen sollten vermieden werden.
- Man sollte sich um treffende Worte bemühen, die nicht mehrdeutig ausgelegt werden können.
- Vorsicht vor Superlativen und schwulstigen Ausdrücken.
- Das Zeugnis sollte klar durch Absätze gegliedert sein. Einrückungen oder Spiegelstriche lockern auf.
- Man sollte unbedingt auf eine korrekte Schreibweise achten. Die Satzzeichen müssen stimmen. Schreibfehler müssen korrigiert, bei Veränderungen des Textes muss das Zeugnis neu ausgestellt werden.

TIPP: Die Tätigkeit des Arbeitnehmers in der betrieblichen Hierarchie muss zur Wortwahl passen. Wer im übrigen seinen Schreibstil inhaltlich verbessern will, dem sei Ludwig Reiners »Stilfibel« empfohlen.

4. Streitigkeiten um Arbeitszeugnisse

Kann der Arbeitgeber das Arbeitszeugnis widerrufen?

Grobe Unrichtigkeit

Nur ausnahmsweise kann der Arbeitgeber ein Zeugnis widerrufen. Das ist der Fall, wenn er sich bei der Ausstellung geirrt hat und die nachträglich bekannt gewordenen Umstände das Zeugnis grob unrichtig werden lassen und wenn ein anderer Arbeitgeber an der Mitteilung dieser Umstände ein großes Interesse hat (zum Beispiel hatte der Arbeitgeber die Ehrlichkeit des Mitarbeiters besonders betont und nachträglich wird bekannt, dass dieser Arbeitnehmer gestohlen oder unterschlagen hat). Der Arbeitgeber muss das unrichtige Zeugnis umgehend widerrufen, das heißt, sobald ihm die Unrichtigkeit bekannt geworden ist. Andernfalls setzt er sich eventuellen Schadensersatzansprüchen des neuen Arbeitgebers aus.
Hat der Arbeitgeber ein neues Zeugnis ausgestellt, kann er das ursprüngliche Zeugnis zurückverlangen. Ein Widerruf scheidet dann aus, wenn der Arbeitgeber durch ein gerichtliches Urteil oder einen Vergleich zur Ausstellung eines bestimmten Zeugnisses verurteilt worden ist.

Wann kann der Arbeitnehmer Änderungen verlangen?

Sofortige Prüfung

Erteilt der Arbeitgeber ein Arbeitszeugnis, das in Form oder Inhalt nicht den gesetzlichen Anforderungen entspricht, oder fühlt sich der Arbeitnehmer falsch beurteilt, kann er eine Änderung des Zeugnisses verlangen. Der Arbeitnehmer sollte sich deshalb sein Zeugnis gründlich durchlesen, bevor er es akzeptiert und ahnungslos seinen Bewerbungsunterlagen beifügt. Denn im Nachhinein lassen sich nur noch schwer Änderungen durchsetzen. Da das Gesetz keinen Berichtigungsanspruch kennt, handelt es sich um den ursprünglichen Erfüllungsanspruch. Der Arbeitnehmer kann dann die Berichtigung

sowohl der im Zeugnis enthaltenen Tatsachen als auch der Werturteile verlangen. Bewertungen müssen auf Verlangen des Arbeitnehmers mit Tatsachen vom Arbeitgeber begründet werden (Bundesarbeitsgericht, Urteil vom 28. März 1979, 5 AZR 80/77).
Befindet sich ein fehlerhaftes Zeugnis in den Personalakten, muss es entfernt werden.

Änderungsverlangen

Der Arbeitnehmer muss eine Änderung des Zeugnisses ausdrücklich geltend machen. Die bloße Erhebung einer Kündigungsschutzklage ist nicht ausreichend. Ein Anspruch auf Berichtigung besteht aber dann nicht, wenn es sich um eine völlig unbedeutende Änderung handelt, zum Beispiel um einen harmlosen Schreibfehler. Der Berichtigungsanspruch muss – wie schon der Anspruch auf das Arbeitszeugnis – umgehend geltend gemacht werden, will man nicht riskieren, dass der Anspruch später wegen zu langer Untätigkeit verfällt (vgl. S. 19 bis 21).
Insbesondere darf der Arbeitnehmer nicht so lange zuwarten, bis sich die unrichtigen Formulierungen im Arbeitszeugnis bei Bewerbungen negativ auswirken.

Die Klage vor dem Arbeitsgericht

Es geschieht nicht selten, dass sich Arbeitgeber an ihren ehemaligen Mitarbeitern mit einem negativen Zeugnis rächen wollen, weil zum Beispiel der Mitarbeiter einen Kündigungsschutzprozess gegen seinen Arbeitgeber geführt und eine saftige Abfindung kassiert hat. In einem solchen Fall sind die Fronten oft so verhärtet, dass ein klärendes Gespräch sinnlos sein dürfte. Hier hilft nur noch eine erneute Klage des Arbeitnehmers, diesmal auf Berichtigung des Arbeitszeugnisses.
Häufig fühlt sich ein Mitarbeiter falsch beurteilt, denn es besteht kein Zweifel, dass das Empfinden hinsichtlich der Leistung und Führung eines Mitarbeiters stark subjektiv ist. Wer sich unter Wert beurteilt fühlt, kann dagegen vorgehen. In vielen Fällen ist die Klage beim Arbeitsgericht auch erfolgreich; die Tendenz der Urteile zugunsten der Arbeitnehmer ist weiter steigend. Obwohl in der ersten Instanz vor dem Arbeitsgericht jede Seite den Prozess selbst führen kann, ist es ratsam, vor einem solchen Schritt einen erfahrenen Fachanwalt für Arbeitsrecht zu konsultieren. Da dem Arbeitgeber bei der Formulierung des Zeugnisses ein Beurteilungsspielraum

Ratsam: ein Fachanwalt

zusteht, kann die Klage auch ins Leere laufen (zum Beispiel wenn der Arbeitnehmer statt einer guten Beurteilung eine sehr gute Benotung anstrebt. Der Nachweis seiner angeblich ausgezeichneten Fähigkeiten wird ihm aber nur gelingen, wenn ihn schon die Einzelbeurteilungen im Zeugnis als Spitzenkraft ausweisen).

Kosten Eine Klage ist nicht kostenlos, im Gegenteil: Unabhängig davon, welche Seite gewinnt, trägt in der ersten Instanz jede Partei die Gebühren des eigenen Prozessvertreters selbst. Der Streitwert einer Klage auf Erteilung eines Arbeitszeugnisses liegt bei einem Bruttomonatsgehalt. Gerichtskosten fallen für die unterliegende Partei nur an, wenn es zu einem Urteil kommt. Einigen sich beide Seiten auf einen Vergleich, müssen keine Gerichtskosten gezahlt werden.

Im Klageantrag muss wörtlich der gewünschte Inhalt des Zeugnisses angeführt werden. Auch das Gericht kann das Zeugnis durch eigene Formulierungen abändern oder ergänzen oder in einzelnen Punkten oder insgesamt selbst formulieren, wenn durch einzelne Änderungen die Gefahr besteht, dass der Sinn des gesamten Zeugnisses verändert wird. Der Arbeitgeber muss dann diese Formulierungen verwenden, ohne im Zeugnis darauf hinweisen zu dürfen, dass der Inhalt vom Gericht bestimmt wurde. Erstreckt sich der Streit nicht nur auf einzelne Teile, sondern auf das ganze Zeugnis, muss folgerichtig der gesamte Zeugnisinhalt in den Klageantrag aufgenommen werden.

Beweislast Grundsätzlich trägt der Arbeitgeber die Darlegungs- und Beweislast für die Richtigkeit und Vollständigkeit des Arbeitszeugnisses. Dafür kann er Zwischenzeugnisse, Abmahnungen oder betriebliche Beurteilungen vorlegen oder vorgesetzte Mitarbeiter als Zeugen vernehmen lassen. Soll die Leistungs- und Verhaltensbewertung geändert werden, kommt es darauf an: Bei einem unterdurchschnittlichen Mitarbeiter muss der Arbeitgeber den schwierigen Beweis für die Richtigkeit seiner negativen Beurteilung führen. Wünscht der Arbeitnehmer aber ein überdurchschnittliches Zeugnis, muss er dafür alle Tatsachen vortragen und beweisen. Was ihm allerdings oft schwer fallen dürfte.

Im Zwangsvollstreckungsverfahren ist es dagegen nicht mehr möglich, über den Inhalt und die Richtigkeit eines vom Arbeitgeber ausgestellten Zeugnisses zu entscheiden. Nur wenn das Zeugnis nicht annähernd den Mindestanforderungen genügt, kann die Erteilung eines weiteren ordnungsgemäßen Zeugnisses im Wege der Zwangsvollstreckung durchgesetzt werden.

Wann haftet der Arbeitgeber auf Schadensersatz?

Die Haftung gegenüber dem Arbeitnehmer

Überreicht der Arbeitgeber seinem Mitarbeiter ein Zeugnis, das unrichtig ist, und weigert er sich, das Arbeitszeugnis zu ändern, oder erteilt er das Zeugnis zu spät oder überhaupt nicht, so verletzt er damit seine dem Arbeitnehmer gegenüber obliegende arbeitsvertragliche Fürsorgepflicht und haftet dafür auf Schadensersatz. Er muss dann alle daraus resultierenden Schäden, und zwar einschließlich eines entgangenen Gewinns, ersetzen (Bundesarbeitsgericht, Urteil vom 24. März 1977, 3 AZR 232/76).

Fürsorgepflicht

Verlangen kann der Arbeitnehmer dann den Verdienstausfall, den er dadurch erleidet, dass er wegen des fehlenden oder unrichtig erteilten Zeugnisses keinen neuen Arbeitsplatz fand oder zu schlechteren Bedingungen eingestellt wurde. Erstattungsfähig sind außerdem Kosten für die Erstellung weiterer Bewerbungsunterlagen oder zusätzliche Vorstellungskosten, soweit diese dem Arbeitnehmer nicht von dem möglichen neuen Arbeitgeber ersetzt wurden. In der Praxis spielen solche Schadensersatzansprüche allerdings keine große Rolle, weil in einem solchen Fall der Arbeitnehmer darlegen und beweisen muss, dass er nur wegen bestimmter Formulierungen des Zeugnisses beziehungsweise weil das Zeugnis nicht vorlag, den Job nicht bekommen hat. Es wird sich aber wohl kaum ein Personalchef finden, der einem Bewerber bestätigt, dass er ihn nur wegen des fehlenden oder schlechten Zeugnisses nicht eingestellt hat.

Eher hypothetisch

TIPP: Der Arbeitnehmer muss alles unternehmen, um mögliche Schadensersatzansprüche gegenüber seinem Arbeitgeber so gering wie möglich zu halten. Er kann nur dann mit Erfolg auf Erteilung seines Zeugnisses klagen,

- wenn er dem Arbeitgeber eine angemessene Zeit eingeräumt hat, innerhalb deren der Arbeitgeber das Zeugnis ausstellen konnte,
- wenn er ihn in Verzug gesetzt hat und
- wenn er versucht hat, das Zeugnis während der Bürozeit beim Arbeitgeber abzuholen.

Fordert der Arbeitnehmer ein geändertes Zeugnis, muss er das unrichtige oder unvollständige Zeugnis zuvor beanstandet haben.

Ausnahme: Schmerzensgeld

Auch auf ein Schmerzensgeld wegen Verletzung des allgemeinen Persönlichkeitsrechts muss ein Arbeitnehmer, der sich im Zeugnis unzutreffend beurteilt fühlt, in aller Regel verzichten. Grund: Die berufliche Ehre wird durch ein unrichtiges Zeugnis nicht berührt. Das Bundesarbeitsgericht hat allerdings einen Schmerzensgeldanspruch dann in Erwägung gezogen, wenn dem Arbeitnehmer wegen der durch das fehlerhafte Zeugnis eingetretenen Arbeitslosigkeit ein schwerer gesundheitlicher Schaden zugefügt wurde. In seltenen Ausnahmefällen, bei einem extrem schweren Eingriff in das Persönlichkeitsrecht durch eine falsche Beurteilung der Eignung, Führung oder Leistung, kann ein Schmerzensgeld infrage kommen. Das hängt aber immer von dem Grad des Verschuldens, von der Art und Schwere der Beeinträchtigung sowie von Anlass und Beweggrund des Handelns ab.

Die Haftung gegenüber dem neuen Arbeitgeber

Der bisherige Arbeitgeber und Zeugnisaussteller kann immer dann zur Kasse gebeten werden, wenn er einem Dritten vorsätzlich einen Schaden zugefügt hat. Ein Schaden liegt vor, wenn der neue Arbeitgeber den Arbeitnehmer aufgrund des zu Unrecht erteilten positiven Zeugnisses eingestellt hat und von diesem geschädigt wurde. Ein normales Zeugnis, das nur von einer üblichen Bewertung abweicht, würde allerdings nicht zu einem Schadensersatzanspruch des neuen Arbeitgebers führen. Voraussetzung dafür ist, dass wesentliche Punkte bei der Beurteilung des Mitarbeiters verschwiegen wurden, beispielsweise eine Krankheit, die das Arbeitsverhältnis beeinflusst, oder eine Unterschlagung des Mitarbeiters, dem man dennoch bescheinigte, er habe seine Stelle voll ausgefüllt und die übertragenen Aufgaben zur Zufriedenheit erledigt (Bundesgerichtshof, Urteil vom 22. September 1970, VI ZR 193/69). Ein Schadensersatzanspruch kann übrigens unabhängig davon geltend gemacht werden, ob das Zeugnis eine (unrichtige) positive Formulierung enthält oder wegen Auslassungen unrichtig geworden ist.

Wesentliches verschwiegen

Dem zeugnisausstellenden Arbeitgeber ist daher immer anzuraten, dann besonders vorsichtig bei der Formulierung eines Arbeitszeugnisses zu sein, wenn der Arbeitnehmer während seines Arbeitsverhältnisses eine strafbare Handlung begangen hat.
Wird dem Arbeitgeber die Unrichtigkeit des ausgestellten Zeugnisses erst nachträglich bekannt, muss er den neuen Arbeitgeber davon in Kenntnis setzen, wenn ihm dies zuzumuten ist.

Beispiele

So hatte ein Arbeitgeber einen Buchhalter aufgrund des guten Arbeitszeugnisses des früheren Arbeitgebers eingestellt. Einige Zeit später deckte der frühere Arbeitgeber Unterschlagungen des Buchhalters auf. Er überließ die Berichtigung des Zeugnisses seinem Rechtsanwalt, der den neuen Arbeitgeber erst benachrichtigte, als der Buchhalter dort bereits neue Unterschlagungen begangen hatte (Bundesgerichtshof, Urteil vom 15. Mai 1979, VI ZR 230/76). Auch wenn der Arbeitgeber weiß, dass der Arbeitnehmer nicht über die fachlichen Fähigkeiten verfügt, die er ihm bescheinigt hat, oder eine Veranlagung zu unsittlichen Handlungen oder eine Neigung zur Brutalität aufweist oder an einer ansteckenden Krankheit leidet, kann er später unter Umständen zur Kasse gebeten werden.

TIPP: Dennoch brauchen Arbeitgeber jetzt keine uferlose Haftung zu befürchten. Diese tritt nur dann ein, wenn die Unrichtigkeit im Zeugnis einen Punkt trifft, der die Verlässlichkeit des Arbeitnehmers im Kern berührt. Darüber hinaus muss der Zeugnisaussteller die Unrichtigkeit des Zeugnisses bei oder nach der Ausstellung klar erkannt haben.

Der frühere Arbeitgeber als Referenzgeber

Das telefonische Auskunftsersuchen beim früheren Arbeitgeber

Führungskräfte und Vertrauenspersonen

Bevor sie einen neuen Mitarbeiter einstellen, holen viele Personalchefs und Arbeitgeber zuvor beim früheren Arbeitgeber des Bewerbers noch telefonisch Auskünfte über den Bewerber ein, zumindest dann, wenn es um die Anstellung einer Führungskraft oder um eine besondere Vertrauensstellung geht. Je widersprüchlicher und weniger aussagekräftig das Arbeitszeugnis des Bewerbers ist, umso eher wird der potentielle neue Arbeitgeber zum Telefonhörer greifen, um nähere Informationen zu erhalten. Denn Arbeitszeugnisse geben über Fähigkeiten, Verhaltensweisen und Eigenschaften des Bewerbers eher zurückhaltend und formalisiert Auskunft, weil sie gesetzlichen Auflagen entsprechen müssen und keinen Anlass für Streitigkeiten liefern sollen. Referenzauskünfte sind da meist ausführlicher und aussagekräftiger. Während das Zeugnis sich nur über die frühere Arbeitserledigung ausspricht, kann sich die Referenz auch darauf beziehen, wie der Bewerber anderen, künftigen Aufgaben gewachsen sein könnte.

Wie ein Mitarbeiter arbeitet, darüber weiß am besten der direkte Vorgesetzte Bescheid. Er ist der Referenzgeber, der den Bewerber aus dem täglichen Kontakt kennt und aus praktischer Sicht beurteilen kann. Referenzauskünfte werden normalerweise erst nach dem Vorstellungsgespräch eingeholt und nur über Bewerber der engsten Wahl. Faire Personalchefs fragen nur dann beim alten Arbeitgeber nach, wenn ihnen dafür der Bewerber grünes Licht gegeben hat.

Einverständnis des Bewerbers

Üblich ist die telefonische Referenz. Zur Sprache gebracht wird alles, was im Arbeitszeugnis oder Vorstellungsgespräch offen geblieben ist, und Vermutungen, die bestätigt oder entkräftet werden sollen.

Eine gesetzliche Grundlage für die Auskunftserteilung gibt es nicht. Ob und gegebenenfalls in welchem Umfang der alte Arbeitgeber über einen Mitarbeiter Auskunft geben darf oder muss, haben die Gerichte entschieden. Es gilt: Auf Wunsch des Mitarbeiters muss der Arbeitgeber über ihn Auskünfte Dritten gegenüber erteilen. Das verlangt die Fürsorgepflicht, die über das Ende des Arbeitsverhältnisses hinaus fortwirkt. Aber auch ohne Zustimmung und selbst gegen den Willen des Arbeitnehmers ist der Arbeitgeber eines gekündigten Mitarbeiters berechtigt (allerdings nicht verpflichtet), auch Informationen, die dem ehemaligen Mitarbeiter schaden können, an die Personen weiterzugeben, die ein *berechtigtes Interesse* daran haben beziehungsweise mit denen der Arbeitnehmer in Verhandlungen über den Abschluss eines Arbeitsvertrages steht. Also vor allem an den möglichen neuen Arbeitgeber. Einzige Einschränkung: Die Auskünfte des Arbeitgebers müssen »richtig im Sinne einer wahrheitsgemäßen Zeugniserteilung sein« (Bundesarbeitsgericht, Urteil vom 25. Oktober 1957, 1 AZR 434/55). Der Arbeitgeber kann sich selbstverständlich weigern, Auskünfte über ehemalige Mitarbeiter zu erteilen. Damit der neue Arbeitgeber daraus aber keine negativen Schlüsse zieht, sollte der Ex-Arbeitgeber ausdrücklich klarstellen, warum er keine Auskunft geben möchte. Das kann sein, weil er sich nicht mehr an den Mitarbeiter erinnern kann oder weil er aus grundsätzlichen Erwägungen keine Auskünfte über Mitarbeiter erteilen will.

Auf Wunsch des Mitarbeiters

Bei berechtigten Interessen Dritter

Auch kann der Arbeitnehmer das Einholen von Auskünften dem neuen Arbeitgeber ausdrücklich verbieten. Er wird sich damit aber keinen Gefallen erweisen. Denn zum einen ist der Arbeitgeber rechtlich an ein solches Verbot nicht gebunden. Zum anderen wird er in einem solchen Fall von einer Auskunft absehen und diesen

Mitarbeiter nicht einstellen, muss er doch annehmen, dass dieser etwas zu verheimlichen hat.

Amtshilfe unter Behörden

Dagegen sind Behörden einander zur Amtshilfe verpflichtet. Öffentliche Arbeitgeber können sich daher wechselseitig Auskünfte erteilen und die Personalakten zur Verfügung stellen.

Dem Auskunftsrecht des neuen Arbeitgebers sind jedoch Grenzen gezogen. So verletzt der ehemalige Arbeitgeber das allgemeine Persönlichkeitsrecht des Betroffenen, wenn er ohne dessen Wissen die Personalakte oder Teile daraus einem Dritten zugänglich macht. Er darf deshalb weder den Arbeitsvertrag noch zum Beispiel einen Personalkreditvertrag einem anderen Arbeitgeber, bei dem sich der Arbeitnehmer bewerben will, zeigen. Nur über Leistung und Verhalten während des Arbeitsverhältnisses darf Auskunft erteilt werden (Bundesarbeitsgericht, Urteil vom 18. Dezember 1984, 3 AZR 389/83). Es dürfen nur solche Auskünfte erbeten und erteilt werden, die in unmittelbarem Zusammenhang mit der vorgesehenen Position stehen. Auch über Beendigungsmodalitäten, Abfindung oder Vertragsinhalte darf nichts gesagt werden.

Nur über Leistung und Verhalten

Ist das Arbeitsverhältnis bereits längere Zeit beendet, darf der Arbeitgeber nur auf das Arbeitszeugnis verweisen.

Um die Rechte des Arbeitnehmers zu sichern, hat der Bundesgerichtshof schon vor langem entschieden, dass der Arbeitgeber dem ausgeschiedenen Mitarbeiter auf dessen Wunsch hin die Auskunft bekanntgeben muss, die er über ihn erteilt hat, und ihm einen etwaigen Durchschlag einer schriftlichen Auskunft zur Einsicht vorlegen muss, damit dieser eine eventuell falsche Auskunft korrigieren kann (Urteil vom 10. Juli 1959, VI ZR 149/58). Das dürfte allerdings ein eher theoretischer Anspruch sein, denn schließlich wird es der Arbeitnehmer kaum jemals erfahren, dass telefoniert worden ist oder gar die erbetene Auskunft der Grund für die Ablehnung seiner Bewerbung war.

Ebenfalls eher theoretisch besteht die Möglichkeit, dass der Arbeitgeber und sein Mitarbeiter eine schriftliche Vereinbarung schließen, wonach der Arbeitgeber nur dann Auskunft geben darf, wenn der Arbeitnehmer damit einverstanden ist (Bundesarbeitsgericht, Urteil vom 15. Juli 1960, 1 AZR 496/58). Eine solche Vereinbarung ist aber in der Praxis sehr selten. In einem gerichtlichen Vergleich kann der Arbeitgeber allerdings verpflichtet werden, keine über das Arbeitszeugnis hinausgehende Auskunft zu erteilen oder nur eine bestimmte Sprachregelung zu benutzen.

Verstößt nun der Arbeitgeber gegen eine solche Vereinbarung oder erteilt er eine falsche Auskunft, kann er von dem ehemaligen Mitarbeiter auf Schadensersatz in Anspruch genommen werden. Etwa dann, wenn der Arbeitnehmer wegen der Auskunft die angestrebte Stelle nicht bekommen hat, was der Arbeitnehmer wiederum beweisen muss. Doch auch dieser Anspruch ist weitgehend hypothetischer Natur.
Bewirbt sich dagegen ein Arbeitnehmer aus einem *ungekündigten* Arbeitsverhältnis heraus, so wird er im Allgemeinen größten Wert darauf legen, dass seine Veränderungsabsichten dem gegenwärtigen Arbeitgeber nicht bekannt werden. Denn einem Arbeitnehmer, der abwandern will, wird man mit Argwohn begegnen. Er gilt dann schnell als unzuverlässig oder illoyal, was seine beruflichen Aufstiegs- und Berufschancen beträchtlich schmälern könnte. Er hat daher ein großes Interesse daran, dass seine Bewerbung geheim bleibt. Weist deshalb der Bewerber auf sein ungekündigtes Arbeitsverhältnis ausdrücklich hin oder ergibt sich zum Beispiel aus dem Briefwechsel oder dem Vorstellungsgespräch, dass sich der Bewerber in einem ungekündigten Arbeitsverhältnis befindet, dann genügt dieser Hinweis, dass beim gegenwärtigen Arbeitgeber zunächst keine Auskunft eingeholt werden darf. Viele Bewerber, die sich in einem ungekündigten Arbeitsverhältnis befinden, versehen deshalb ihre Bewerbungsunterlagen mit einem sogenannten Sperrvermerk (»Da ich mich in einem ungekündigten Arbeitsverhältnis befinde, bitte ich, diese Bewerbung absolut vertraulich zu behandeln, insbesondere meinen gegenwärtigen Arbeitgeber nicht um Auskünfte zu bitten.«).

Sperrvermerk

Wendet sich nun der Bewerbungsempfänger trotz des Sperrvermerks oder gegen den erklärten Willen des Bewerbers an den derzeitigen Arbeitgeber und entsteht dem Bewerber hierdurch ein Schaden, wenn es nicht zum Abschluss des neuen Arbeitsvertrags kommt und die Aufstiegschancen im alten Unternehmen dadurch gemindert worden sind, muss er diesen dem Bewerber ersetzen.

Schriftliche Referenzen

Manche Unternehmen verlangen von einem Bewerber, dass er seinen Unterlagen Referenzen beifügt, das heißt Adressen von Personen, die über die fachlichen und persönlichen Qualitäten des Bewerbers Auskunft geben können. Nur wenn es ausdrücklich in der Stellenausschreibung verlangt ist, sollte der Bewerber solche

Referenzen beifügen. Andernfalls könnte ihm mangelndes Selbstbewusstsein unterstellt werden. Reine Gefälligkeitsatteste, die dem Bewerber nur allgemein positive Charaktermerkmale und angenehme Verhaltensweisen bescheinigen, werden einem Bewerber allerdings eher schaden als nutzen. Gefragt sind Referenzen, die einen direkten Bezug zu der ausgeschriebenen Stelle haben, die Aussagen zu den in der Ausschreibung geforderten Eigenschaften und eine unmissverständliche Beurteilung der Leistungen enthalten.

Eher schädlich: Gefälligkeitsatteste

Der Bewerber sollte nicht mehr als drei mögliche Auskunftgeber angeben, die nicht zu seinem engen Familienkreis gehören und überhaupt bereit sind, über ihn positive Auskunft zu erteilen.

Die Mitbestimmung des Betriebsrats

Der Arbeitgeber kann in *allgemeinen Beurteilungsgrundsätzen* festlegen, dass Auskünfte generell oder nur unter bestimmten Voraussetzungen eingeholt werden dürfen. Dazu bedarf es der Zustimmung des Betriebsrats. Das gilt auch, wenn der Arbeitgeber für das Einholen von Auskünften einen allgemein benutzbaren Fragebogen mit zahlreichen vorformulierten Fragen zur Person, Eignung, Leistung und Führung des Bewerbers oder eine Checkliste vorschreiben möchte. Der Betriebsrat kann allerdings nicht die Aufstellung solcher schriftlichen Beurteilungsgrundsätze verlangen. Können sich Arbeitgeber und Betriebsrat nicht einigen, entscheidet die Einigungsstelle. Der Arbeitgeber kann dann allerdings ganz auf solche Beurteilungsgrundsätze oder Auskunftsfragebogen verzichten, wenn er mit der von der Einigungsstelle vorgeschlagenen Lösung nicht einverstanden ist.

Einsatz von Fragebogen

Will der Arbeitgeber in einem Unternehmen mit weniger als tausend Arbeitnehmern das Verfahren zum Einholen von Auskünften beziehungsweise Referenzen in einer *Auswahlrichtlinie* regeln, braucht er dazu die Zustimmung des Betriebsrats. Jener kann dann bei der Frage mitmischen, ob überhaupt Auskünfte eingezogen werden sollen, bei wem welche Auskünfte eingeholt beziehungsweise welche Fragen gestellt werden sollen.

Unternehmensgröße

Der Betriebsrat kann allerdings eine solche Richtlinie nicht über die Einigungsstelle erzwingen. Anders bei Betrieben mit mehr als tausend Arbeitnehmern: Hier kann der Betriebsrat von sich aus die Initiative ergreifen und die Aufstellung von Auswahlrichtlinien über die bei Einstellungen zu beachtenden fachlichen und persönlichen Voraussetzungen und sozialen Gesichtspunkte verlangen.

Checkliste

Wichtige Fragen an den Referenzgeber

- In welcher Beziehung stehen Sie als Referenzgeber zu der Bewerberin/dem Bewerber?
- Was ist Frau X/Herr Y für eine Persönlichkeit?
- Welche Aufgaben hatte Frau X/Herr Y zu erledigen?
- Brauchte sie/er dafür besondere Kenntnisse und Fertigkeiten?
- Welches waren (sind) die fachlichen Schwerpunkte von Frau X/Herrn Y?
- Bei Führungskräften: Welches sind die Management-Fähigkeiten und -kapazitäten?
- Welches sind ihre/seine besonderen fachlichen und persönlichen Stärken und Schwächen?
- Wie gründlich, sorgfältig und zuverlässig hat Frau X/Herr Y diese Aufgaben erfüllt?
- In welchem Arbeitstempo, mit welcher Zielstrebigkeit und Planmäßigkeit hat sie/er ihre/seine Arbeit geleistet?
- Arbeitete sie/er selbstständig?
- Ist sie/er innovativ?
- Wie reagiert sie/er auf Stress und Schwierigkeiten?
- Kann sie/er sich in ein Team einordnen?
- Wie ist ihr/sein Verhältnis zu Vorgesetzten, Kollegen und Kunden?
- Warum hat sie/er Ihre Firma verlassen? Wurde ihr/ihm gekündigt oder ging sie/er aus eigenem Entschluss?
- War die Mitarbeiterin/der Mitarbeiter oft krank?
- Was hat sie/er bei Ihnen verdient?
- Hat sich die Mitarbeiterin/der Mitarbeiter weitergebildet?
- Ist sie/er ehrenamtlich in Verbänden, Vereinen oder in der Politik aktiv und engagiert?
- Wie sind ihre/seine familiären Verhältnisse?
- Hat die Mitarbeiterin/der Mitarbeiter persönliche oder finanzielle Schwierigkeiten?
- Schätzten Sie Frau X/Herrn Y wegen ihres/seines Auftretens und ihrer/seiner Umgangsformen?
- Hat sie/er besondere Eigenschaften oder Fähigkeiten?
- Können Sie sie/ihn sich auch in einer anderen Funktion vorstellen als der bisher ausgeübten?
- Könnte man sich Frau X/Herrn Y als passend für die Position, für die sie/er sich momentan bewirbt, bezeichnen?
- Würden Sie Frau X/Herrn Y wieder bei sich einstellen?

5. Experteninterviews

Frage: Welche Bedeutung haben für Sie Arbeitszeugnisse bei der Einstellung eines neuen Mitarbeiters?
Nach welchen Kriterien gehen Sie bei der Durchsicht eines Arbeitszeugnisses vor?
Was macht für Sie ein gutes/schlechtes Arbeitszeugnis aus?

Arbeitszeugnisse vervollständigen für uns das Gesamtbild eines Bewerbers, werden aber grundsätzlich nicht als entscheidendes Kriterium für die Beurteilung einer Bewerbung herangezogen.
Zeugnisse werden sehr genau gelesen, um Tendenzen herauszufiltern. Besonderes Gewicht erhalten die Aussagen erst, wenn gleiche Tendenzen bei mehreren Zeugnissen durchgängig erkennbar sind. Ein Augenmerk wird auf die Begründung der Auflösung der bisherigen Arbeitsverhältnisse gelegt. Der Gesamteindruck entscheidet über die weitere Bearbeitung der Bewerbung.
Sabine Woetzel, Leiterin Personalbeschaffung des Werks Leverkusen der Bayer AG

Tendenzen

Arbeitszeugnisse haben für die Einstellung eines neuen Mitarbeiters eine wesentlich höhere Bedeutung als Noten in Schul- oder Hochschulzeugnissen, da man hier besser ein Bild von der Persönlichkeit des Bewerbers erhält.
Bei der Durchsicht eines Arbeitszeugnisses versucht man zwischen den Zeilen zu lesen, da in den Zeugnissen meist nur positive Dinge unbefangen zu Papier gebracht werden, während das Negative verklausuliert werden muss beziehungsweise dadurch auffällt, dass bestimmte positive Faktoren, zu denen sonst üblicherweise Stellung genommen wird, fehlen.

Zwischen den Zeilen

Ein aussagekräftiges Zeugnis nimmt nicht nur eine ausführliche Stellenbeschreibung vor, sondern lässt den Leser deutlich spüren, ob man diese Kraft gern oder ungern ziehen lässt. Hilfreich ist eine Beschreibung der Stärken des Arbeitnehmers in möglichst greifbarer Weise. Gerne gelesen werden Formulierungen, aus denen deutlich wird, dass der Bewerber selbstständig arbeiten kann und mitdenkt, flexibel und einsatzfreudig ist. Man möchte lesen, ob sich

der Bewerber mit seinem früheren Unternehmen und seiner Arbeit identifiziert hat oder ob er es nur als einen Job angesehen hat. Ein wirklich lobendes Zeugnis verlässt in der Regel schnell den Bereich der Phrasen und lässt die Wertschätzung des Mitarbeiters in bildhaften Beschreibungen deutlich werden.
Claus Gielisch, C. Gielisch GmbH, Internationales Havariekommissariat und Sachverständigenbüro, Düsseldorf

Arbeitszeugnisse spielen bei uns eine Rolle bei der Vorauswahl im Sinne einer Negativselektion. Sie haben für uns nur einen mittelmäßigen Stellenwert, sind sozusagen ein Puzzlebaustein für die Bewertung einer Bewerbung. Sie haben zwar eine nicht unbeträchtliche Unschärfe, aber viele Zeugnisse bieten dennoch eine passable Orientierung.

Mit dem Ende beginnen

Wir lesen Arbeitszeugnisse von hinten und schauen, ob ein Haken darin ist, zum Beispiel ein krummer Austrittstermin, der nicht erklärt wird, eine verquere Formulierung der Schlussformel oder irgendwelche verklausulierten Langatmigkeiten. Standardformulierungen betrachten wir als wertneutral, für einen sehr guten Mitarbeiter verwenden wir eigene Formulierungen.
Auffällig ist bei einer langen Vertragszeit ein kurzes Zeugnis und umgekehrt bei einer kurzen Vertragszeit ein langes Zeugnis. Von Ausnahmen einmal abgesehen sollte ein gutes Zeugnis nicht länger als zwei Seiten sein.
Harald Wimmel, Personalabteilung Bereich Öffentliche Netze, verantwortlich für Personaleinsatz und -entwicklung, Siemens AG, München

Ergänzung

Ein Arbeitszeugnis ist für uns nur von ergänzendem Wert, neben der Grundqualifikation des Bewerbers und seiner Agenda. Es ist manchmal schwierig zu erkennen, ob der Arbeitnehmer wirklich schlecht war oder ob der Aussteller die Zeugnissprache nicht kannte. Besonders bei kleineren Firmen kann man das Zeugnis für sich allein nicht werten.
Ein gutes Zeugnis beinhaltet viele schmückende, verstärkende Adjektive. Wir versuchen, weitgehend individuelle Zeugnisse zu erstellen, die dem ausscheidenden Mitarbeiter gerecht werden. Dieser erhält einen Entwurf und kann dazu Stellung nehmen.
Peter Gaßner, Referent Arbeitszeit,
BMW AG, München

Für uns sind qualifizierte Arbeitszeugnisse bei der Auswahl von neuen Mitarbeitern sehr bedeutend. Eine endgültige Entscheidung über eine Einstellung wird aber nicht allein auf das Arbeitszeugnis und die sonstigen Bewerbungsunterlagen gestützt, sondern das Vorstellungsgespräch wird den endgültigen Ausschlag geben.
Die Anforderung der Stelle sollte mit der Tätigkeitsbeschreibung im vorliegenden Arbeitszeugnis übereinstimmen, die Leistungsbeurteilung nicht schlechter als »zu unserer Zufriedenheit« sein. Soziales Verhalten, ungünstige Eigenschaften und Vorkommnisse, die mit besonderer Zurückhaltung dargestellt werden, sind mit Vorsicht zu werten. Von Bedeutung ist auch noch der Grund des Ausscheidens. Die Bemerkung »auf Veranlassung des Unternehmens« oder »im beiderseitigen Einvernehmen« ist gegebenenfalls zu überprüfen.

Positive Gesichtspunkte

Wir bewerten ein Zeugnis dann als positiv, wenn die Anforderung mit Tätigkeit und Erfahrung übereinstimmt, wenn die Leistungsbeurteilung entsprechend formuliert ist, wenn die Beurteilung des sozialen Verhaltens nicht unklar beziehungsweise negativ dargestellt ist, wenn in der Regel der Wechsel auf eigenen Wunsch begründet ist und wenn die Arbeitgeberzeugnisse, wenn es mehrere gibt, eine bestimmte Kontinuität und Zielstrebigkeit zusammen mit den Schul- und Hochschulzeugnissen ergeben. Negativ bewerten wir Arbeitszeugnisse, wenn aus dem Zeugnis hervorgeht, dass das Arbeitsverhältnis vom Arbeitgeber gekündigt wurde, wenn es sich bei dem Arbeitszeugnis um ein einfaches und nicht um ein qualifiziertes Zeugnis handelt, wenn die Tätigkeit und Erfahrung nicht mit der Anforderung übereinstimmt und wenn die Zeugnisse weder Kontinuität noch Zielstrebigkeit erkennen lassen, sondern der Bewerber sehr oft seinen Arbeitgeber gewechselt hat und nicht bei »seinen Leisten« geblieben ist.
Wolf M. Ottmann, Leiter Personal bei Linde AG, Werksgruppe Technische Gase, Höllriegelskreuth

Bei den Bewerbern, die in die nähere Auswahl gekommen sind, dienen Arbeitszeugnisse als Entscheidungshilfe, sind aber nicht maßgeblich für die Einstellung. Es kommt auch gelegentlich vor, dass Mitarbeitern ein gutes Zeugnis ausgestellt wird, um den Abschluss eines Aufhebungsvertrages zu erleichtern und eventuellen arbeitsgerichtlichen Streitigkeiten aus dem Wege zu gehen. Bei der Durchsicht eines Zeugnisses prüfe ich zuerst, ob die Daten im Arbeitszeugnis mit denjenigen des Lebenslaufs übereinstimmen. Es

sollte sodann die Tätigkeitsdarstellung dem Anforderungsprofil entsprechen beziehungsweise nahe kommen.
Eine wesentliche Bedeutung hat die Beurteilung der Leistungen. Es werden die weiteren Punkte, die in jedes qualifizierte Zeugnis gehören, »abgeklopft«, das heißt unter Berücksichtigung der Zeugnissprache bewertet. Dabei ist auch darauf zu achten, ob das Zeugnis bewusst Beurteilungen auslässt, zum Beispiel über das Verhalten gegenüber Vorgesetzten und Kollegen, was auf Unregelmäßigkeiten in diesem Bereich schließen lässt.
Je nach Anforderungsprofil werden bestimmte Punkte des Zeugnisses besonders gewichtet, beispielsweise bei einer Führungskraft das Führungs-/Sozialverhalten und der Teamgeist, bei einer Sachbearbeiterin die Arbeitsgüte.
Formulierungen im Arbeitszeugnis für sich genommen veranlassen mich nicht dazu, einen Bewerber zu einem Vorstellungsgespräch einzuladen. Maßgeblich ist das Gesamtbild der Bewerbung, zum Beispiel die Aus-/Weiterbildung, der berufliche Werdegang usw.

Schlechte Noten: Keine Chance

Umgekehrt fallen Bewerber bereits bei der Vorauswahl durch, die durchgehend oder überwiegend »schlechte« Beurteilungen in Arbeitszeugnissen vorlegen. Solche Formulierungen sind etwa:
Er/Sie bemühte sich, die ihm/ihr übertragenen Aufgaben zu unserer Zufriedenheit zu erledigen. Er/Sie führte die ihm/ihr übertragenen Aufgaben mit großem Fleiß und Interesse durch. Er/Sie erfasste das Wesentliche und bemühte sich um sinnvolle Lösungen. Sein/Ihr Verhalten während der Arbeitszeit war angemessen. Er/Sie war sehr tüchtig und wusste sich gut zu verkaufen. Seine/Ihre ausgeprägten Auffassungen wusste er/sie nachdrücklich zu vertreten.
Auch wenn im Zeugnis einige Bewertungen bewusst ausgelassen werden, wie Verhalten gegenüber Vorgesetzten oder Kollegen, wird der Bewerber nicht eingeladen; ebenso falls mehrfach Äußerungen über die Beendigungsmodalitäten in der Form »Wir haben uns einvernehmlich von Herrn/Frau … getrennt« vorkommen.
Hans-Joachim Meyer, Geschäftsführer HIT Personalleasing GmbH, München

Qualifizierte Arbeitszeugnisse sind von zentraler Bedeutung für die Einstellung eines neuen Mitarbeiters, da aus der möglichst objektiven Sicht des ehemaligen Arbeitgebers eine Gesamtbeurteilung abgegeben wird, die mit der eigenen Einschätzung des Bewerbers korreliert und diese ergänzt oder korrigiert. Während Schul- und

Examenszeugnisse theoretisch oder experimentell erworbene Kenntnisse attestieren, spiegeln qualifizierte Arbeitszeugnisse die Kenntnisse und Fähigkeiten einer Person in der Berufspraxis wider. Deshalb sind sie, da zusätzlich die berufliche Sphäre bewertet wird, nach wie vor von großem Interesse für den künftigen Arbeitgeber.
Das Arbeitszeugnis ist in einzelne Abschnitte gegliedert, die ich folgendermaßen überprüfe:
1. Stimmen die im Lebenslauf aufgeführten Daten und Angaben mit der im Arbeitszeugnis dokumentierten Dauer und Art der Beschäftigung überein?
2. Entspricht die bisherige Tätigkeit dem Anforderungsprofil der zu besetzenden Stelle oder sind Entwicklungsmöglichkeiten zu erkennen (seitheriger Einsatz als Schreibkraft, künftige Beschäftigung als Sekretärin)?
3. Wie wird die bisher erbrachte Leistung des Bewerbers bewertet? Wichtige Indikatoren sind Arbeitsmenge, -güte, Schnelligkeit, Ökonomie, Arbeitsbereitschaft, Fachkenntnisse usw.
4. Wie verlief die Zusammenarbeit mit Vorgesetzten, Kollegen und innerbetrieblichen Ansprechpartnern? War die dienstliche Führung stets einwandfrei?
5. Lässt das Arbeitszeugnis Rückschlüsse darauf zu, wie das Arbeitsverhältnis beendet wurde (aufgrund eigener fristgemäßer Kündigung des Arbeitnehmers, im gegenseitigen Einvernehmen, durch Kündigung des Arbeitgebers, aus welchen Gründen)?

Vollständigkeit

Da das Arbeitszeugnis das gesamte Arbeitsverhältnis charakterisieren soll, achte ich zunächst darauf, ob es vollständig ist, das heißt sich auf Dauer und Art der Beschäftigung, Leistung und Führung erstreckt und wie diese einzelnen Zeugnisabschnitte gewichtet werden. Anschließend überprüfe ich schwerpunktmäßig bei den Zeugnisabschnitten Leistung und Verhalten, dienstliche Führung, ob sprachlich eine optimale oder abgeschwächte Formulierung gewählt wurde.
Beispiel: Verlief die Zusammenarbeit mit Vorgesetzten und Kollegen stets reibungslos oder »nur« reibungslos?
Wie wurde die Leistung insgesamt gewürdigt? Beherrscht der Bewerber sein Aufgabengebiet vollständig oder überwiegend? Oder reichen Leistung und Befähigung über die Anforderungen hinaus? Welches »Maß der Zufriedenheit« wurde gewählt? Zur vollsten oder gar stets zur vollsten Zufriedenheit (letzteres ist sprachlicher Nonsens, aber in der Zeugnissprache üblich) oder »nur« zur Zufrieden-

heit. Dann sortiere ich die Bewerbungsunterlagen gleich aus. Ansonsten ist für die Bewertung eines Zeugnisses nicht eine einzige Formulierung entscheidend, sondern der Gesamteindruck.
Monika Hintschich, Personalabteilung Siemens AG, Bereich Halbleiter, München

Bei der Direktsuche im Auftrag eines Unternehmens stehen nicht die Arbeitszeugnisse im Mittelpunkt, sondern das persönliche Gespräch, das ergänzt wird durch den Lebenslauf eines Kandidaten. Arbeitszeugnisse sind deshalb für uns nur von untergeordneter Bedeutung.
Sofern Arbeitszeugnisse zur ergänzenden Beurteilung hinzugezogen werden, ist es wichtig, dass diese auch inhaltlich wertvoll sind. Das ist der Fall, wenn Tätigkeiten richtig gewichtet und spezielle Aufgaben und außergewöhnliche Leistungen besonders hervorgehoben worden sind. Sind sich der Kandidat und der Kunde weitgehend einig, holen wir, soweit der Kandidat damit einverstanden ist, noch Referenzen ein, beim Vorgesetzten, aber auch bei Mitarbeitern und Kunden, die den Kandidaten aus verschiedenen Blickwinkeln beurteilen können.

Referenzen

Sabine Wehle, Personalberaterin bei Heidrick & Struggles, Personalberatung Frankfurt

Je niedriger die Führungsposition angesiedelt ist, umso wichtiger ist das Zeugnis. Arbeitszeugnisse haben für mich aber generell eine geringe Bedeutung. Viel wichtiger ist für mich der persönliche Eindruck eines Bewerbers.
Ich lese das Arbeitszeugnis einmal quer durch und achte auf die Standardformulierungen. Steht etwas Ungewöhnliches im Zeugnis, was in ein gutes Arbeitszeugnis nicht hineingehört, mache ich mir Gedanken darüber und frage im Vorstellungsgespräch nach. Das Arbeitszeugnis dient für mich zur Informationserweiterung und wirkt verstärkend. Finde ich einen Kandidaten gut, fühle ich mich durch ein gutes Arbeitszeugnis bestätigt. Finde ich ihn allerdings gut und ist das Arbeitszeugnis schlecht, interessiert mich das Zeugnis nicht weiter.

»Verstärker«

Katja Kettner, Baumgartner & Partner, Personalberatung GmbH, Niederlassung Frankfurt

Aus unserer Sicht als Personalberater sind die Arbeitszeugnisse zunächst einmal der formelle Nachweis für die in der Bewerbung von den Kandidaten angegebenen Zeiten aus dem tabellarischen Lebenslauf.

Die Zeugnisse geben in der Regel mehr Detailauskünfte über die Tätigkeiten und Verantwortungsbereiche und auch Gründe für Positionswechsel innerhalb des Unternehmens.

Die Gründe für das Ausscheiden werden meistens offen dargelegt, zum Beispiel vertragsgerechte Kündigung auf eigenen Wunsch oder betriebsbedingte Anlässe wie Zusammenlegung von Unternehmensbereichen und damit Fortfall bestehender Organisations- und Verantwortungsstrukturen, Änderung der Gesellschafterverhältnisse und damit verbundene Neustrukturierungen der Organisation oder Auflösung von bestimmten Produktionsbereichen beziehungsweise Verlagerung an andere Standorte oder Beendigung der unternehmerischen Aktivitäten durch Konkurs oder Verkauf.

In der Regel werden Zeugnisse in größeren Unternehmungen von kompetentem Fachpersonal in den Personalabteilungen ausgestellt. Der Aufbau entspricht hier meistens den arbeitsrechtlichen Erfordernissen.

Bei Führungspositionen sollte ein qualifiziertes Zeugnis ausgestellt sein. Übertriebene Formulierungen lassen meist eine Hinweglobung vermuten. Die objektive Beurteilung mit dem heute üblichen Codierungsschlüssel ist fast Standard geworden. Gelegentlich wird dem ausscheidenden Mitarbeiter die Formulierung des Zeugnisses selbst überlassen. Hier kann es passieren, dass dem Mitarbeiter die gebräuchliche Codierung nicht geläufig ist und er sich dadurch manchmal eine geringere Bewertung gibt.

Der Abschlusssatz des Zeugnisses beinhaltet gelegentlich Formulierungen des Bedauerns über das Ausscheiden des Mitarbeiters. Auch hier wird manchmal erkennbar, welchen Stellenwert der Mitarbeiter im Unternehmen hatte. Dies wird vielfach auch dadurch erkennbar, von wem das Zeugnis unterschrieben wurde, vom Vorstand, Geschäftsführer in Verbindung mit dem Personaldirektor oder nur von einem Sachbearbeiter der Personalabteilung.

Unterzeichner?

Wichtig für unsere Überlegungen in der Personalberatung ist möglichst große Übereinstimmung mit dem uns vorgegebenen Anforderungsprofil und dem Erfahrungsprofil beziehungsweise dem daraus abzuleitenden weiterführenden Potential zur Besetzung der Position. Dazu gehören in aller Regel Referenzen, wobei uns die Kandi-

daten mögliche Personen nennen, die sie auch vorinformieren können.
Dipl.-Ing. Herbert Stermsek, Personalberater, TASA Consulting Partners GmbH, München

Arbeitszeugnisse geben Auskunft über den Werdegang eines potentiellen Mitarbeiters vor Eintritt in das Unternehmen. Sie belegen die beruflichen Stationen des Lebenslaufes und beschreiben die bisherigen Tätigkeitsgebiete.
Die Aussagefähigkeit ist allerdings wegen terminologischer Probleme begrenzt. Es sei denn, es handelt sich um ein »Experten-Arbeitszeugnis«. Im allgemeinen steht der Gesamteindruck des Zeugnisses im Mittelpunkt der Betrachtung.

Gesamteindruck

Bei der Durchsicht steht der Abgleich von Anforderungen der zu besetzenden Stellen und Erfahrungen des Bewerbers im Vordergrund.
Ein gutes Arbeitszeugnis weist alle Bestandteile (Tätigkeitsbeschreibung, Beurteilung über Verhalten, Führung und Zusammenarbeit usw.) auf. Fehlen wichtige Bestandteile, kann dies ein Zeichen für eine schlechte Beurteilung oder Unkenntnis des Ausstellers des Arbeitszeugnisses sein.
Jörg Rabe von Pappenheim, Leiter Zentrales Personal- und Sozialwesen, Optische Werke U. Rodenstock, München

Die Bedeutung von Arbeitszeugnissen ist für mich groß, da die darin enthaltenen Informationen und insbesondere die Bewertung eines Bewerbers auf andere Weise nicht zu erhalten sind. Ein Bewerber wird in einem Gespräch selten eine solche Distanz zu sich aufbauen, dass er sich annähernd objektiv beschreibt. Da das Bewerbungsgespräch in erster Linie die Selbsteinschätzung des Bewerbers zum Inhalt hat, stellen Arbeitszeugnisse oftmals wichtige Korrektive dar, und dies besonders dann, wenn sie inhaltlich eine gewisse Übereinstimmung aufweisen. Im übrigen tritt insbesondere bei Bewerbern mit langjähriger Praxiserfahrung sowie in Fällen geänderter Schwerpunkte die Rolle von Schul- und Hochschulzeugnissen gegenüber Arbeitszeugnissen in den Hintergrund.

Wichtiges Korrektiv

Als formal schlecht erachte ich ein Arbeitszeugnis, das aussageschwach ist, da es entweder ausschließlich stereotype Beschreibungen und Bewertungen enthält und jegliche Individualität vermissen lässt oder den Bewerber so außerordentlich lobt, dass der Verdacht

aufkommt, dass der Entwurf – wie in vielen Fällen – vom Bewerber selbst stammt und lediglich abgezeichnet worden ist.
Als inhaltlich schlecht erachte ich ein Arbeitszeugnis, das entweder auf unregelmäßige Arbeit, mangelnde Einsatzfreude oder fehlende Flexibilität hinweist oder schließen lässt. Neben arbeitgeberseitigen Kündigungen lässt auch ein »einvernehmliches Ausscheiden« leicht Zweifel an der Geeignetheit des Bewerbers aufkommen, wobei dieser Punkt in einem Gespräch meistens ausreichend geklärt werden kann. Schließlich spielt die Beurteilung der Integrationsfähigkeit in einem Arbeitszeugnis eine wichtige Rolle.
Dr. Ulrich Hennings, Rechtsanwalt, Kanzlei Rechtsanwälte Döser, Amereller, Noack, Berlin

Anhang

Checkliste für den Zeugnisaussteller

Ist das Arbeitszeugnis richtig und stimmig abgefast worden?

- Sind alle Tätigkeiten schwerpunktmäßig richtig erfasst? Ist die Entwicklung des Mitarbeiters während seiner gesamten Beschäftigungszeit deutlich genug dargestellt worden? Sind Beförderungen, Befugnisse, Sonderaufgaben genannt? Sind alle Fortbildungsmaßnahmen zeitlich richtig aufgezählt worden oder wurde auf vorliegende Teilnahmebestätigungen verwiesen?
- Kommt im Zeugnis hinreichend zum Ausdruck, wie der Mitarbeiter gearbeitet hat? (Fleiß, Sorgfalt, Gewissenhaftigkeit, Arbeitstempo, Arbeitsgüte, Arbeitsergebnisse usw.)
- Ist das Verhalten des Mitarbeiters zu Vorgesetzten, Kollegen und Dritten richtig gewürdigt worden?
- Stimmen die einzelnen Bewertungen von Führung und Leistung mit der zusammenfassenden Beurteilung überein?
- Sind alle Angaben im Zeugnis zulässig und für den Mitarbeiter typisch?
- Ist es vertretbar, dass bestimmte Angaben über den Mitarbeiter wohlwollend weggelassen wurden?
- Ist das Zeugnis in sich schlüssig oder enthält es Widersprüche? Korrespondiert die Schlussformel mit den übrigen Beurteilungen?
- Ist das Zeugnis vollständig?
- Ist es verständlich und eindeutig formuliert?
- Gibt es die Gesamtpersönlichkeit des Arbeitnehmers zutreffend wieder?
- Hat das Zeugnis den richtigen, der Position angemessenen Umfang (nicht länger als zwei Seiten)?
- Ist das Zeugnis grammatikalisch richtig und fehlerfrei? Wurde der richtige Ton getroffen?

Checkliste für den Zeugnisempfänger

Wie man sein Arbeitszeugnis überprüfen kann

- Hat die Firma für das Arbeitszeugnis einen Firmenbriefbogen verwendet?

- Trägt das Arbeitszeugnis eine Überschrift (Zeugnis, Zwischenzeugnis o.ä.)?
- Stimmen die Angaben zur Person?
- Sind die im Unternehmen ausgeführten Tätigkeiten richtig, in chronologischer Reihenfolge und ausführlich dargestellt worden?
- Wie sind Arbeitsweise, Arbeitstempo, Arbeitsergebnisse usw. bewertet worden? Wurde ein beruflicher Aufstieg im Unternehmen, Versetzungen auf anspruchsvollere Posten nachvollzogen? Stimmt die Bewertung mit Ihrer eigenen Sicht überein?
- Für Führungskräfte: Werden besondere Führungsleistungen und Arbeitserfolge sowie ihre positiven Auswirkungen auf das Unternehmen geschildert?
- Für Auszubildende: Sind die Industrie- und Handelskammer, Datum und Note der Prüfung angegeben worden?
- Wurden besondere Handlungsvollmachten erwähnt?
- Sind Ihre Fortbildungsbesuche aufgeführt worden?
- Gibt es eine zusammenfassende Leistungsbeurteilung? Ist sie für Sie akzeptabel?
- Wie wurde Ihre Führung beschrieben?
- Sind Sie mit der zusammenfassenden Verhaltensbeurteilung einverstanden?
- Kommt im Zeugnis klar zum Ausdruck, dass das Arbeitsverhältnis von Ihrer Seite aus gekündigt worden ist?
- Ist die Schlussformel wohlwollend formuliert, enthält sie neben den guten Wünschen für den weiteren beruflichen Werdegang auch Dank für geleistete Dienste und Bedauern über Ihren Weggang?
- Stimmt das Ausstellungsdatum mit dem Ende des Arbeitsverhältnisses überein?
- Enthält das Zeugnis nur klare, eindeutige Formulierungen?
- Entspricht die Länge des Zeugnisses ihrer Position und Verweildauer in der Firma?
- Enthält das Zeugnis keine Rechtschreib-, Zeichen- oder Grammatikfehler?
- Enthält das Zeugnis keine unzulässigen Zeichen, wie Anführungs-, Ausrufungs- oder Fragezeichen?

Checkliste

Worauf Arbeitgeber unbedingt achten sollten

- Zeugnisse immer von derselben Person oder in der Personalabteilung schreiben lassen, am besten in Zusammenwirken zwischen dem Vorgesetzten und der Personalabteilung. Vorteil: Einheitliche und gerechte Zeugnisse.
- Dem Zeugnis keine veralteten Stellenbeschreibungen zu Grunde legen, auf keinen Fall aus alten Zeugnissen abschreiben.
- Mitarbeiter fragen, ob er bestimmte Tätigkeiten im Zeugnis besonders hervorgehoben haben möchte.
- Wegen Verhaltensbeurteilung Vorgesetzten des Arbeitnehmers konsultieren.
- Zeugnisentwurf mit dem Mitarbeiter besprechen.

Checkliste

Worauf Arbeitnehmer unbedingt achten sollten

- Nicht auf den »letzten Drücker« das Arbeitszeugnis verlangen, sondern mit dem Chef möglichst zeitig über das Arbeitszeugnis sprechen.
- Eigenen Zeugnisentwurf vorschlagen, zumindest bei Beschreibung der Tätigkeit aktiv mitwirken.
- Auf Vollständigkeit und Lückenlosigkeit des Zeugnisses achten. Wichtig sind vor allem eine lückenlose Tätigkeitsbeschreibung und die Formulierung der Schlussformel. Mindestens eine besondere Stärke sollte im Zeugnis hervorgehoben worden sein. Bei Führungskräften sollte unbedingt etwas zur Führungsleistung und zu besonderen beruflichen Erfolgen gesagt werden.
- Jede Gelegenheit nutzen, um ein Zwischenzeugnis zu bekommen.
- Zeugnis beim Empfang gründlich durchlesen, bevor man es akzeptiert. Bei Zweifeln Fachmann um Rat fragen.

Checkliste

Wie man als Arbeitnehmer seine Ansprüche am besten durchsetzen kann

- Unmittelbar nach der Kündigung schriftlich oder unter Zeugen vom Arbeitgeber ein qualifiziertes Arbeitszeugnis verlangen.
- Reagiert der Arbeitgeber nicht, innerhalb einer angemessenen Frist (vier bis sechs Wochen) Erinnerungsschreiben abschicken.

Sie können in diesem Erinnerungsschreiben auch anbieten, einen Zeugnisentwurf (eventuell nur bezogen auf den Tätigkeitsbereich) zu verfassen beziehungsweise gleich mitschicken oder einen Termin ankündigen, zu dem Sie das Zeugnis abholen werden.

- Wenn der Arbeitgeber noch immer nicht reagiert oder sich weigert, ihn nochmals – unter Setzung einer Nachfrist mit Klageandrohung – auffordern. Schweigt er hierauf noch immer, bleibt Ihnen nichts anderes übrig als zu klagen. Der Gang zum Arbeitsgericht sollte aber immer der letzte Weg sein. Besser ist verständlicherweise eine gütliche Einigung. Dann riskiert man auch nicht, dass der Arbeitgeber aus Verärgerung ein schlechteres Zeugnis schreibt, als dem Arbeitnehmer eigentlich zusteht.
- Das gilt auch für eine Berichtigung des Arbeitszeugnisses. Wer allerdings zu lange zögert, riskiert, dass sein Anspruch verfällt.
- Bei einem Aufhebungsvertrag darauf achten, dass das Arbeitszeugnis im Anhang formuliert beigelegt wird.
- Wer nur gegen die Kündigung gerichtlich vorgehen will, wahrt damit nicht eine tarifliche Ausschlussfrist. Deshalb auch hier das Zeugnis ausdrücklich verlangen.

Wichtige Gesetze

§ 630 Bürgerliches Gesetzbuch
Bei der Beendigung eines dauernden Dienstverhältnisses kann der Verpflichtete von dem anderen Teile ein schriftliches Zeugnis über das Dienstverhältnis und dessen Dauer fordern. Das Zeugnis ist auf Verlangen auf die Leistungen und die Führung im Dienste zu erstrecken.

§ 113 Gewerbeordnung
(1) Beim Abgang können die Arbeitnehmer ein Zeugnis über die Art und Dauer ihrer Beschäftigung fordern.
(2) Dieses Zeugnis ist auf Verlangen der Arbeitnehmer auch auf ihre Führung und ihre Leistungen auszudehnen.
(3) Den Arbeitgebern ist untersagt, die Zeugnisse mit Merkmalen zu versehen, welche den Zweck haben, den Arbeitnehmer in einer aus dem Wortlaut des Zeugnisses nicht ersichtlichen Weise zu kennzeichnen.
(4) Ist der Arbeitnehmer minderjährig, so kann das Zeugnis von dem gesetzlichen Vertreter gefordert werden. Dieser kann verlangen, dass das Zeugnis an ihn, nicht an den Minderjährigen, ausgehändigt werde. Mit Genehmigung der Gemeindebehörde des im § 108 bezeichneten Ortes kann auch gegen den Willen des gesetzlichen Vertreters die Aushändigung unmittelbar an den Arbeitnehmer erfolgen.

§ 73 Handelsgesetzbuch
Bei der Beendigung des Dienstverhältnisses kann der Handlungsgehilfe ein schriftliches Zeugnis über die Art und Dauer der Beschäftigung fordern. Das Zeugnis ist auf Verlangen des Handlungsgehilfen auch auf die Führung und die Leistungen auszudehnen.

§ 8 Berufsbildungsgesetz
(1) Der Ausbildende hat dem Auszubildenden bei Beendigung des Berufsausbildungsverhältnisses ein Zeugnis auszustellen. Hat der Ausbildende die Berufsausbildung nicht selbst durchgeführt, so soll auch der Ausbilder das Zeugnis unterschreiben.
(2) Das Zeugnis muss Angaben enthalten über Art, Dauer und Ziel der Berufsausbildung sowie über die erworbenen Fertigkeiten und Kenntnisse des Auszubildenden. Auf Verlangen des Auszubildenden

sind auch Angaben über Führung, Leistung und besondere fachliche Fähigkeiten aufzunehmen.

§ 92 Bundesbeamtengesetz
Dem Beamten wird nach Beendigung des Beamtenverhältnisses auf Antrag von seinem letzten Dienstvorgesetzten ein Dienstzeugnis über Art und Dauer der von ihm bekleideten Ämter erteilt. Das Dienstzeugnis muss auf Verlangen des Beamten auch über die von ihm ausgeübte Tätigkeit und seine Leistungen Auskunft geben.

§ 61 Bundesangestelltentarifvertrag
(1) Bei Kündigung hat der Angestellte Anspruch auf unverzügliche Ausstellung eines vorläufigen Zeugnisses über Art und Dauer seiner Tätigkeit. Dieses Zeugnis ist bei Beendigung des Arbeitsverhältnisses sofort gegen ein endgültiges Zeugnis umzutauschen, das sich auf Antrag auch auf Führung und Leistung erstrecken muss.
(2) Der Angestellte ist berechtigt aus triftigen Gründen auch während des Arbeitsverhältnisses ein Zeugnis zu verlangen.
(3) Auf Antrag ist dem Angestellten bei Beendigung des Arbeitsverhältnisses eine Bescheinigung über die Vergütungsgruppe und die zuletzt bezogene Grundvergütung auszuhändigen.

§ 57 Bundes-Manteltarifvertrag für Arbeiter gemeindlicher Verwaltungen und Betriebe
(1) Dem Arbeiter ist eine Bescheinigung über Art und Dauer seiner Beschäftigung sowie über die Höhe der geleisteten Versicherungsbeiträge auszustellen. Ist der Arbeiter für den Fall der Arbeitslosigkeit versichert, so ist ihm außerdem eine Bescheinigung auszuhändigen, aus der Art, Beginn, Ende und Grund der Lösung des Arbeitsverhältnisses sowie die Höhe des Arbeitsentgelts beim Ausscheiden hervorgehen.
(2) Auf Verlangen ist dem Arbeiter ein Zeugnis über Führung und Leistung zu erteilen.

Aktuelle Gerichtsurteile

Abholen eines Arbeitszeugnisses. Bundesarbeitsgericht, Urteil vom 8. März 1995, 5 AZR 848/93: »1. Grundsätzlich muss der Arbeitnehmer seine Arbeitspapiere, zu denen auch das Arbeitszeugnis gehört, bei dem Arbeitgeber abholen.
2. Nach § 242 BGB kann der Arbeitgeber im Einzelfall gehalten sein, dem Arbeitnehmer das Arbeitszeugnis nachzuschicken.«

Arbeitsvertragsbruch. Landesarbeitsgericht Köln, Urteil vom 8. November 1989, 5 Sa 799/89: »Der Arbeitgeber darf grundsätzlich nicht den Arbeitsvertragsbruch des Arbeitnehmers im Zeugnis ausdrücklich erwähnen.«

Auskunft. Landesarbeitsgericht Berlin, Urteil vom 8. Mai 1989, 9 Sa 21/89: »1. Auf Wunsch des Arbeitnehmers ist der Arbeitgeber Dritten gegenüber zur Auskunft über die Leistungen und sein Verhalten im bisherigen Arbeitsverhältnis verpflichtet.
2. Verletzt der Arbeitgeber diese seine nachvertragliche Pflicht rechtswidrig und schuldhaft, macht er sich gegenüber dem Arbeitnehmer schadensersatzpflichtig.«

Ausstellungsdatum. Landesarbeitsgericht Bremen, Urteil vom 23. Juni 1989, 4 Sa 320/88: »1. Zeugnisse müssen ein Ausstellungsdatum tragen. 2. Wird ein Zeugnis auf Wunsch des Arbeitnehmers, aufgrund eines gerichtlichen Vergleichs oder Urteils berichtigt, so muss das berichtigte Zeugnis das Datum des ursprünglichen Zeugnisses, dessen Berichtigung verlangt wird, erhalten. 3. Auch Kopien von Zeugnissen sind als Zeugnisurkunden – (Originale) – anzusehen, wenn die Kopie eine ›Originalunterschrift‹ trägt. 4. Der Arbeitgeber kann zur Ergänzung eines Zeugnisses verurteilt werden, wenn nach Auffassung des Gerichtes für einen Dritten nicht erkennbar ist, dass es sich um eine – nachträglich eingefügte – Ergänzung handelt.
5. Sind nach Auffassung des Gerichts Ergänzungen nur auf die Weise durchzuführen, dass sie als solche erkennbar sind, ist der Arbeitgeber verpflichtet, ein ›neues‹ Zeugnis zu erstellen und dem Arbeitnehmer zu übersenden.«

Bundesarbeitsgericht, Urteil vom 9. September 1992, 5 AZR 509/91: Wird ein bereits erteiltes Zeugnis vom Arbeitgeber inhaltlich geändert beziehungsweise berichtigt, so hat das berichtigte Zeugnis das Datum des ursprünglich und erstmals erteilten Zeugnisses zu tragen, und zwar unabhängig davon, ob der Arbeitgeber die Berichtigung von sich aus vornimmt oder ob er dazu gerichtlich verurteilt oder durch Prozessvergleich angehalten wurde. Das muss jedenfalls dann gelten, wenn eine Arbeitnehmerin das Zeugnis rechtzeitig verlangt und die verspätete Ausstellung nicht auf eigener Nachlässigkeit beruht, sondern darauf zurückzuführen ist, dass der Arbeitgeber sich bereit erklärt, das ursprünglich erteilte Zeugnis im Wortlaut zu ändern.

Landesarbeitsgericht Köln, Urteil vom 29. November 1990, 10 Sa 801/90: »1. Zur Erwähnung der ›Beendigungsgründe‹ im Zeugnis. 2. Ist das Arbeitsverhältnis auf den Auflösungsantrag des Arbeitnehmers gemäß §§ 9, 10 KSchG durch Urteil aufgelöst worden, dann kann der Arbeitnehmer beanspruchen, dass der Beendigungsgrund mit der Formulierung erwähnt wird, das Arbeitsverhältnis sei ›auf seinen Wunsch beendet‹ worden. 3. Das vom Arbeitgeber geschuldete Wohlwollen und die Rechtskraftbindung an die festgestellte Sozialwidrigkeit der Kündigung machen es erforderlich, die (unwirksame) Kündigung und den Kündigungsschutzprozess ansonsten unerwähnt zu lassen und – ebenso wie bei einem ›echten‹ beiderseitigen Einvernehmen – nachteilige Rückschlüsse des Zeugnislesers durch eine wohlwollende Schlussformel zu vermeiden (zum Beispiel: ›Wir wünschen ... für den weiteren Berufs- und Lebensweg alles Gute.‹).«

Betriebsratstätigkeit. Landesarbeitsgericht Hamm, Urteil vom 6. März 1991, 3 Sa 1279/90: »Ein Arbeitnehmer kann von der Arbeitgeberin verlangen, dass diese Angaben über seine ehrenamtlichen Tätigkeiten aufgrund des Bundespersonalvertretungsgesetzes (hier: Jugendvertretertätigkeit) aus einer dienstlichen Beurteilung entfernt.«

Hessisches Landesarbeitsgericht, Urteil vom 19. November 1993, 9 Sa 11/93: »Der Arbeitnehmer hat in der Regel einen Anspruch darauf, dass eine Freistellung als Personalratsmitglied in einem Zwischenzeugnis nicht gegen seinen Willen erwähnt wird.«

Beweislast. Landesarbeitsgericht Frankfurt a. M., Urteil vom 6. September 1991, 13 Sa 250/91: »Zur Darlegungslast des klagenden Arbeitnehmers, der die Berichtigung der in einem Zeugnis enthaltenen Gesamtbeurteilung dergestalt begehrt, dass ihm die ›vollste Zufriedenheit‹ des Arbeitgebers bescheinigt wird.«

Form. Landesarbeitsgericht Köln, Urteil vom 26. Februar 1992, 7 Sa 1007/91: »Der Arbeitnehmer kann vom Arbeitgeber verlangen, dass dieser das Zeugnis auf einem Geschäftsbogen (Firmenbogen) erteilt, wenn der Arbeitgeber Geschäftsbogen besitzt und im Geschäftsverkehr verwendet.«

Landesarbeitsgericht Schleswig-Holstein, Urteil vom 9. Dezember 1997, 5 Ta 97/96:: »Ein Arbeitnehmer hat keinen Anspruch auf ein ungeknicktes Zeugnis. Zwar hat ein Arbeitnehmer Anspruch auf ein auch äußerlich ordnungsgemäßes Zeugnis. Das bedeutet jedoch nur, dass das Zeugnis keine formalen und äußerlichen Mängel aufweisen darf. Dass das Zeugnis wegen des Postversandes zweimal geknickt ist, stellt sich nicht als ein solcher Mangel dar«.

Konkurs. Bundesarbeitsgericht, Urteil vom 30. Januar 1991, 5 AZR 32/90: »Ein Arbeitnehmer kann auch für die Zeit vor Konkurseröffnung ein Zeugnis über Führung und Leistung vom Konkursverwalter verlangen, wenn dieser den Betrieb nach Konkurseröffnung weiterführt.«

Krankheit. Arbeitsgericht Frankfurt a. M., Urteil vom 19. März 1991, 8 Ca 509/90: »Krankheitsbedingte Fehlzeiten darf der Arbeitgeber nicht in das dem Arbeitnehmer zu erteilende Zeugnis aufnehmen. Das gilt grundsätzlich auch dann, wenn vor der Beendigung des Arbeitsverhältnisses eine eineinhalbjährige krankheitsbedingte Arbeitsunfähigkeit ohne Unterbrechung vorgelegen hatte.«

Mitbestimmung des Betriebsrats. Hessisches Landesarbeitsgericht, Urteil vom 5. Oktober 1993, 5 TaBV Ga 112/93: »Bei der Verwendung eines ›Eingabebogens zur Zeugniserstellung‹ hat der Betriebsrat mitzubestimmen (§ 94 BetrVG). Wird dieses Mitbestimmungsrecht verletzt, kann dem Arbeitgeber durch einstweilige Verfügung die Unterlassung der Verwendung der Eingabebögen aufgegeben werden.«

Verwirkung. Landesarbeitsgericht Frankfurt a. M., Urteil vom 13. Dezember 1989, 10 Sa 182/89: »Ein Zeugnis muss, wenn es seine Funktion im Arbeitsleben erfüllen soll, alsbald nach der Beendigung des Arbeitsverhältnisses verlangt und erteilt werden. Entsprechendes gilt auch für den etwaigen Berichtigungsanspruch. Ist das Berichtigungsgesuch eines Arbeitnehmers, der zuvor ein lebhaftes Interesse an der Erlangung des Arbeitszeugnisses bekundet hatte, bereits nach etwa zehn Monaten seit der Zeugniserteilung verwirkt, so kann für einen Arbeitnehmer, der trotz müheloser Erkennbarkeit des ungünstigen Zeugnisinhalts bei dessen Aushändigung uninteressiert und für die Dauer von sieben Jahren untätig blieb, nichts anderes gelten.«

Zeugnisberichtigung. Landesarbeitsgericht Düsseldorf, Urteil vom 23. Mai 1995, 3 Sa 253/95: »1. Der Anspruch auf Zeugnisberichtigung wird auch dann nicht durch eine allgemeingehaltene Ausgleichsklausel ausgeschlossen, wenn das Zeugnis am Tage vor deren Unterzeichnung dem Arbeitnehmer bereits erteilt worden ist und wesentliche formale wie inhaltliche Mängel enthält. 2. Das Zeugnis einer ›Direktionsassistentin‹ ist in der Überschrift als solches zu bezeichnen und nicht in der persönlichen Anredeform, sondern in der 3. Person abzufassen.«

Zeugnissprache. Landesarbeitsgericht Hamm, Urteil vom 19. Oktober 1990, 18 (12) 160/90: »Eine Zeugnisformulierung, die ›zufriedenstellende Leistungen‹ attestiert oder eine Aufgabenerfüllung ›zu unserer Zufriedenheit‹ bescheinigt, bringt zum Ausdruck, dass die Leistungen nicht zufriedenstellend, sondern unterdurchschnittlich, aber noch ausreichend waren.«

Bundesarbeitsgericht, Urteil vom 23. September 1992, 5 AZR 573/91: Sind die Einzelbeurteilungen in einem Arbeitszeugnis ausnahmslos als ›sehr gut‹ bewertet und die Tätigkeit darüber hinaus als ›sehr erfolgreich‹ hervorgehoben, ist die Schlussfolgerung, dass der Arbeitnehmer ›immer zu unserer vollen Zufriedenheit‹ seine Aufgaben gelöst habe, unvereinbar mit den ausgezeichneten Einzelbewertungen. Zwar ist die Gesamtbewertung, wonach der Arbeitnehmer ›immer zur vollen Zufriedenheit‹ gearbeitet hat, schon eine gute Bewertung. Dagegen entspricht eine sehr gute Leistung, die nach den Einzelbewertungen vorliegt, erst der zusammenfassenden Beurteilung, wonach der Arbeitnehmer zur ›vollsten Zufriedenheit‹ gearbeitet hat.

Landesarbeitsgericht Schleswig-Holstein, Urteil vom 5. Juni 1991, 3 Sa 71/91: Eine Arbeitnehmerin hat gegen ihren Arbeitgeber einen Anspruch auf Erteilung eines Zwischenzeugnisses, wenn sie beabsichtigt, Erziehungsurlaub zu nehmen. Ein Anspruch auf bestimmte Formulierungen besteht dabei nicht. Der Arbeitgeber hat aber die im Zeugnis enthaltenen negativen Beurteilungen zu beweisen.
Eine Arbeitnehmerin kann von ihrem Arbeitgeber nicht verlangen, dass dieser die Attribute ›Freundlichkeit, Hilfsbereitschaft und Beliebtheit bei Kollegen‹ ins Arbeitszeugnis aufnimmt. Ein künftiger Leser erwartet diese Formulierungen nur dann, wenn die Arbeitnehmerin Vorgesetzteneigenschaft hat. Wenn in den Aufgabenbereich der Arbeitnehmerin die Arbeit mit Geld oder Wertsachen gehört, muss sich das Zeugnis über die Ehrlichkeit der Arbeitnehmerin äußern. Geschieht dies nicht, entsteht regelmäßig der Eindruck, die Arbeitnehmerin sei nicht ehrlich gewesen.

Landesarbeitsgericht Frankfurt a.M., Urteil vom 6. September 1991, 13 Sa 250/91: »Liegt eine überdurchschnittliche Leistungsbeurteilung vor und strebt der Arbeitnehmer im Arbeitszeugnis dessen weitere Verbesserung im Sinne einer Bestbeurteilung an, so ist von ihm zu verlangen, dass er substantiiert und schlüssig Tatsachen vorträgt, die gerade eine solche Spitzenbewertung als zwingend erscheinen lassen. Der Bewertungssprung von einem ›gut‹ (›zu unserer vollen Zufriedenheit‹) zu einem ›sehr gut‹ (›zu unserer vollsten Zufriedenheit‹) ist vom Beurteilungsspielraum des Arbeitgebers in der Regel voll abgedeckt.«

Arbeitsgericht Bayreuth, Urteil vom 26. November 1991, 1 Ca 669/91: »1. Bestätigt ein Arbeitgeber dem Arbeitnehmer im Zeugnis ›Pünktlichkeit‹, so bedeutet dies ohne Hinzukommen weiterer einschlägiger Formulierungen im Wortlaut des Zeugnisses nicht ›Überpünktlichkeit‹ im Sinne einer negativen Aussage. Der Arbeitnehmer hat demgemäß keinen Anspruch darauf, dass das Wort ›pünktlich‹ aus dem Zeugnis entfernt wird. 2. Bei der Beurteilung eines Arbeitszeugnisses kommt es auf den objektiven Aussagegehalt an. Was sich der Verfasser des Zeugnisses dabei gedacht hat, ist unerheblich.«

Zwangsvollstreckung. Landesarbeitsgericht Frankfurt a. M., Urteil vom 16. Juni 1989, 9 Ta 74/89: »Verpflichtet sich der Arbeitgeber in einem Prozessvergleich, ein wohlwollendes qualifiziertes Arbeitszeugnis zu erteilen, ist mangels Festlegung eines bestimmten Zeugnisinhaltes im Vollstreckungsverfahren nur überprüfbar, ob der Arbeitgeber überhaupt der Verpflichtung nachgekommen ist und ein Zeugnis erteilt hat, das nach Form und Inhalt den Anforderungen eines qualifizierten Zeugnisses genügt. Die inhaltliche Richtigkeit ist hingegen nur in einem Berichtigungsverfahren nachprüfbar.«

Landesarbeitsgericht Nürnberg, Beschluss vom 14. Januar 1993, 6 Ta 169/92: »Ist ein Arbeitgeber durch ein Anerkenntnisurteil dazu verurteilt worden, dem Arbeitnehmer ein qualifiziertes schriftliches Arbeitszeugnis zu erteilen, kann, um den Arbeitgeber zur Zeugniserteilung zu zwingen, ein Zwangsgeld und ersatzweise Zwangshaft angeordnet werden.«

Zwischenzeugnis. Bundesarbeitsgericht, Urteil vom 21. Januar 1993, 6 AZR 171/92: »Ein triftiger Grund für die Erteilung eines Zwischenzeugnisses i. S. des § 61 Absatz 2 BAT liegt nicht vor, wenn der Angestellte das Zeugnis allein deshalb velangt, weil er es in einem Rechtsstreit, in dem er seine Höhergruppierung anstrebt, als Beweismittel verwenden will.«

BEURTEILUNGSKRITERIEN (Anlage)

Stufenaufteilung A - E
(bitte entsprechend ankreuzen)

I. Fachwissen und Aufgabenerfüllung Interesse an geschäftlichen Vorgängen	A ☐	B ☐	C ☐	D ☐	E ☐
II. Selbstständigkeit	A ☐	B ☐	C ☐	D ☐	E ☐
III. Zuverlässigkeit, Verantwortung	A ☐	B ☐	C ☐	D ☐	E ☐
IV. Persönliches Verhalten					
a) Kreativität	A ☐	B ☐	C ☐	D ☐	E ☐
b) Belastbarkeit	A ☐	B ☐	C ☐	D ☐	E ☐
V. Umgang mit Vorgesetzten und Mitarbeitern					
a) Umgang/Zusammenarbeit mit Vorgesetzten und Kollegen	A ☐	B ☐	C ☐	D ☐	E ☐
b) Umgang mit Mitarbeitern/ Mitarbeitermotivation	A ☐	B ☐	C ☐	D ☐	E ☐
c) Aufgabendelegation	A ☐	B ☐	C ☐	D ☐	E ☐

Grund für die Versetzung/Austritt:

____

____

Sind außerdem noch erwähnenswerte Fähigkeiten, Fertigkeiten vorhanden, die in einem eventuellen Zeugnis genannt werden sollen?

____

____

____

Rechtfertigt die Arbeitsleistung eine eventuelle Wiederbeschäftigung (ggf. in der gleichen Abteilung)?

____

____

____

____

(Unterschrift des Vorgesetzten)

Innerbetrieblicher Beurteilungsbogen

Innerbetrieblicher Beurteilungsbogen

Viele Unternehmen haben für innerbetriebliche Zwecke Beurteilungsverfahren eingerichtet. In meist regelmäßigen Abständen führen Mitarbeiter und jeweilige Vorgesetzte ein Beurteilungsgespräch mit dem Ziel dem Mitarbeiter eine Rückmeldung über die Wertschätzung seiner Arbeit zu vermitteln und um die Entlohnung leistungsgerechter festzulegen.
Scheidet der Mitarbeiter aus dem Betrieb aus, werden diese Beurteilungen bei der Abfassung des Arbeitszeugnisses zu Grunde gelegt.
Im Beispiel eines solchen innerbetrieblichen Beurteilungsbogens auf Seite 128 (eingesetzt bei der BASF in Ludwigshafen) werden fünf Kriterien genannt: Fachwissen und Aufgabenerfüllung, Selbstständigkeit, Zuverlässigkeit/Verantwortung, persönliches Verhalten, Umgang mit Vorgesetzten und Mitarbeitern.
Bei jedem Kriterium sind fünf Einstufungen (A bis E) möglich, wobei A die schwächste und E die beste Beurteilung darstellt.

Fachwissen und Aufgabenerfüllung
(Interesse an geschäftlichen Vorgängen)

E Aufgrund seines/ihres hervorragenden Fachwissens löste Herr/Frau ... auch schwierigste Aufgaben größten Umfangs mit Sinn für äußerste Sorgfalt und Genauigkeit. Sein/ihr Interesse an allen geschäftlichen Vorgängen war vorbildlich.

D Aufgrund seines/ihres überdurchschnittlichen Fachwissens löste Herr/Frau ... auch schwierige Aufgaben größeren Umfangs mit Sinn für Sorgfalt und Genauigkeit. Herr/Frau ... zeigte an allen geschäftlichen Vorgängen ein hohes Maß an Interesse.

C Aufgrund seines/ihres sehr soliden, jederzeit verfügbaren Fachwissens löste Herr/Frau ... auch schwierige Aufgaben, teils größeren Umfangs. An den geschäftlichen Vorgängen war Herr/Frau ... sehr interessiert.

B Aufgrund seines/ihres soliden Fachwissens löste Herr/Frau ... stets die ihm/ihr gestellten Aufgaben und war auch an den geschäftlichen Vorgängen interessiert.

A Aufgrund seines/ihres vorhandenen Fachwissens war Herr/Frau ... bemüht die ihm/ihr gestellten Aufgaben zu lösen.

Selbstständigkeit

E und handelte völlig selbstständig.

D und handelte selbstständig.

C und arbeitete im Rahmen seiner Befugnisse selbstständig.

B Die ihm/ihr gestellten Aufgaben, die Herr .../Frau ... in Abstimmung mit seinen/ihren Vorgesetzten erledigte, entsprachen den Anforderungen.

A Die ihm/ihr gestellten Aufgaben, die er/sie in enger Abstimmung mit dem Vorgesetzten erledigen konnte, entsprachen überwiegend den Anforderungen.

Zuverlässigkeit, Verantwortung

E Pflichtbewusst und zuverlässig war er/sie jederzeit in hohem Maße vertrauenswürdig, integer und jederzeit bereit in vollem Umfang Verantwortung zu übernehmen.

D Pflichtbewusst und zuverlässig war er/sie jederzeit vertrauenswürdig, integer und stets bereit in großem Umfang Verantwortung zu übernehmen.

C Seine/ihre Aufgaben erfüllte er/sie pflichtbewusst und zuverlässig und war auch bereit Verantwortung zu übernehmen.

B Er/sie bemühte sich, seine/ihre Aufgaben zuverlässig und pflichtbewusst zu erfüllen und war auch bereit im Rahmen seiner/ihrer Tätigkeit Verantwortung zu übernehmen.

A Er/sie war bemüht seine/ihre Aufgaben termingerecht und einwandfrei zu erledigen.

Persönliches Verhalten

Kreativität

E Herr/Frau ... überzeugte immer wieder durch kreative Ideen, gab wertvolle Anregungen und ging alle Aufgaben mit der nötigen Umsicht und Tatkraft an.

D Herr/Frau ... hatte immer wieder Ideen, gab wertvolle Anregungen und ging alle Aufgaben tatkräftig an.

C Herr/Frau ... hatte immer wieder Ideen, gab Anregungen und ging alle Aufgaben aktiv an.

B Herr/Frau ... gab auch Anregungen und war neuen Aufgaben gegenüber aufgeschlossen.

A Herr/Frau ... bemühte sich seine/ihre Aufgaben gewissenhaft zu erledigen.

Belastbarkeit

E Für alle neuen Vorhaben zeigte sich Herr/Frau ... überaus flexibel und sehr aufgeschlossen und zeichnete sich darüber hinaus durch enorme Belastbarkeit aus.

D Für alle neuen Vorhaben zeigte sich Herr/Frau ... sehr flexibel und aufgeschlossen und zeichnete sich darüber hinaus durch starke Belastbarkeit aus.

C Für neue Vorhaben zeigte sich Herr/Frau ... flexibel und aufgeschlossen; seine/ihre besondere Stärke ist eine gute Belastbarkeit.

B Seine/ihre Belastbarkeit und Initiative entsprachen überwiegend den Anforderungen.

A Sein/ihr Arbeitseinsatz und seine/ihre Belastbarkeit waren ausreichend.

Umgang mit Vorgesetzten und Mitarbeitern

Umgang/Zusammenarbeit mit Vorgesetzten und Kollegen

E Sein/ihr Verhalten gegenüber Vorgesetzten war in jeder Beziehung vorbildlich, gegenüber Kollegen in jeglicher Hinsicht kooperativ. Besonders hervorzuheben ist die Fähigkeit von Herrn/Frau ... mit Führungskräften und Gesprächspartnern – auch außerhalb unseres Hauses – äußerst geschickt und sehr erfolgreich zusammenzuarbeiten sowie sein/ihr absolut loyales Verhalten gegenüber unserem Unternehmen.

D Sein/ihr Verhalten gegenüber Vorgesetzten war stets vorbildlich, gegenüber Kollegen immer kooperativ. Hervorzuheben ist die Fähigkeit von Herrn/Frau ... mit Führungskräften und Gesprächspartnern – auch außerhalb unseres Hauses – gekonnt und erfolgreich zusammenzuarbeiten sowie sein/ihr loyales Verhalten gegenüber dem Unternehmen.

C Sein/ihr Verhalten gegenüber Vorgesetzten war einwandfrei und gegenüber Kollegen kooperativ. Herr/Frau ... besitzt neben loyalem Verhalten gegenüber dem Unternehmen auch die Fähigkeit mit Führungskräften und Gesprächspartnern, auch außerhalb unseres Hauses, erfolgreich zusammenzuarbeiten.

B Sein/ihr Verhalten gegenüber Vorgesetzten war nicht zu beanstanden. Die Zusammenarbeit mit Führungskräften und Gesprächspartnern, auch außerhalb unseres Hauses, erfolgte mit großem Engagement.

A Sein/ihr Verhalten gegenüber Vorgesetzten sowie die Zusammenarbeit mit Kollegen und Gesprächspartnern, auch außerhalb unseres Hauses, waren nicht zu beanstanden.

Umgang mit Mitarbeitern/Mitarbeitermotivation

E Im Umgang mit seinen/ihren Mitarbeitern genoss Herr/Frau ... als Vorgesetzte(r) sehr große Anerkennung. Durch beispielgebendes Führungsverhalten motivierte er/sie zu überdurchschnittlichen Leistungen und starkem Engagement, wobei Herr/Frau ... gleichzeitig durch intensive Weiterbildungsmaßnahmen für einen sehr hohen beruflichen Wissensstand bei seinen/ihren Mitarbeitern sorgte.

D Im Umgang mit seinen/ihren Mitarbeitern genoss Herr/Frau ... als Vorgesetzte(r) große Anerkennung. Durch geschicktes Führungsverhalten motivierte er/sie zu überaus anerkennenswerten Leistungen und Engagement, wobei Herr/Frau ... durch geeignete Weiterbildungsmaßnahmen für einen sehr hohen Wissensstand bei seinen/ihren Mitarbeitern sorgte.

C Im Umgang mit seinen/ihren Mitarbeitern genoss Herr/Frau ... als Vorgesetzte(r) Anerkennung. Sein/ihr Führungsverhalten motivierte zu bemerkenswerten Leistungen und Engagement, wobei Herr/Frau ... durch Weiterbildungsmaßnahmen für einen beachtlichen Wissensstand bei seinen/ihren Mitarbeitern sorgte.

B Sein/ihr Entgegenkommen und seine/ihre Aufgeschlossenheit gegenüber seinen/ihren Mitarbeitern machten ihn/sie jederzeit beliebt.

A Er/sie war bei seinen/ihren Mitarbeitern beliebt.

Aufgabendelegation

E Herr/Frau ... delegierte in beispielgebender Weise die Aufgaben und erteilte präzise und verständliche Anweisungen.

D Herr/Frau ... delegierte in sinnvoller Weise die Aufgaben und erteilte klare und verständliche Anweisungen.

C Herr/Frau ... delegierte richtliniengemäß die Aufgaben und erteilte verständliche Anweisungen.

B Herr/Frau ... delegierte die Aufgaben im allgemeinen rechtzeitig und erteilte Anweisungen dazu.

A Herr/Frau ... versuchte die Aufgaben zu delegieren und verständliche Anweisungen zu erteilen.

Register

Erfolgreich bewerben

Von R. Ibelgaufts, 144 S.,
10 s/w-Zeichnungen, kartoniert
ISBN: 3-8068-**1261**-6
DM 14,90

Von Dr. W. Reichel,
128 S., kartoniert
ISBN: 3-8068-**1027**-3
DM 16,90

Von Dr. R. Hilke, H. Hustedt,
160 S., kartoniert
ISBN: 3-8068-**1263**-2
DM 16,90

Von A. Nasemann,
136 S., kartoniert
ISBN: 3-8068-**1444**-9
DM 16,90

FALKEN

Der Spezialist für nützliche Bücher

Stand der Preise 1.6.1998 · Änderungen vorbehalten